CANAL DES ALPINES

PROJET GÉNÉRAL DES TRAVAUX

MÉMOIRE

A l'appui des projets présentés
par la Compagnie concessionnaire, aux termes
du décret du 14 juin 1854.

Paris

IMPRIMERIE DE GUIRAUDET ET JOUAUST

RUE SAINT-HONORÉ, 338

1856

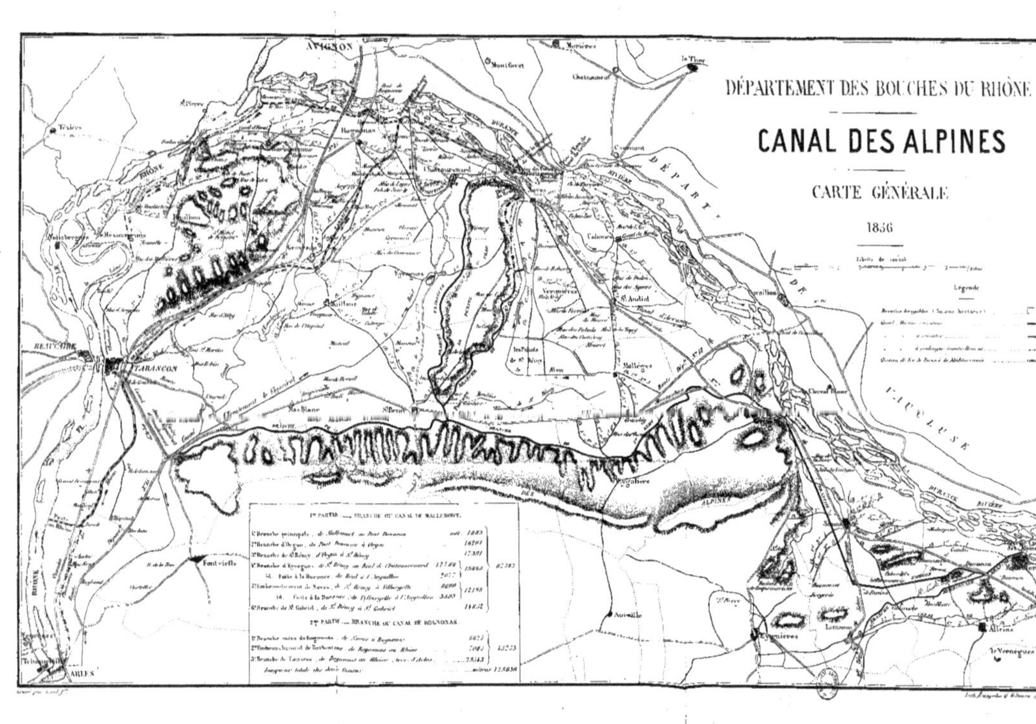

DÉPARTEMENT DES BOUCHES DU RHÔNE.
CANAL DES ALPINES
CARTE GÉNÉRALE
1856
Échelle de 100.000
Légende
AVIGNON
BEAUCAIRE
TARASCON
ARLES
Fontvieille
1re PARTIE — BRANCHE OU CANAL DE MALLEMORT.
2e PARTIE — BRANCHE OU CANAL DE ROGNONAS.

CANAL DES ALPINES

PROJET GÉNÉRAL DES TRAVAUX

MÉMOIRE

**A l'appui des projets présentés par la Compagnie concessionnaire,
aux termes du décret du 14 juin 1854.**

La Compagnie, désirant régulariser de la manière la plus complète les conditions générales de l'entreprise du Canal des Alpines, présente ici l'exposé des projets destinés désormais à servir de base définitive à sa concession.

Cet exposé comprendra à la fois les projets déjà réalisés et les projets restant à réaliser encore pour l'entier achèvement du canal, et offrira, en quelque sorte dans un même cadre, le résumé complet d'un travail qui remonte à des époques et à des circonstances diverses.

Considérant d'abord l'œuvre du canal des Alpines comme déjà connue dans son ensemble, la Compagnie, bien qu'elle ait la pensée de reproduire ici l'esquisse générale des projets relatifs à toute l'entreprise, ne procédera ni aux détails descriptifs ni aux indications préliminaires que pourrait exiger l'exposé d'un projet complétement neuf.

Sous le rapport des plans, comme sous celui des justifications à produire, ce Mémoire se divisera en deux parties :

PREMIÈRE PARTIE.

Projet général de la branche septentrionale du canal des Alpines, désignée sous le nom de PREMIÈRE BRANCHE, *ou* BRANCHE DE MALLEMORT, *comprenant les divisions ou dérivations suivantes :*

1° *Prise d'eau à la Durance et Branche principale* du canal domanial des Alpines, de Mallemort au pont Donneau (pour l'usage commun de la branche septentrionale et de la branche méridionale), avec projet de règlement pour la détermination des rapports qui doivent exister entre les deux branches.

2° *Branche d'Orgon*, des martellières du pont Donneau aux martellières de Saint-Véran, avec projet de réparations au percé d'Orgon.

3° *Branche de Saint-Rémy*, des martellières de Saint-Véran au bassin de partage de Saint-Rémy.

4° *Branche d'Eyragues*, du bassin de partage de Saint-Rémy au Réal de Châteaurenard, avec projet de fuite à la Durance par le Réal, la Foussière et le Grand-Anguillon.

5° *Embranchement de Noves*, partant d'une martellière ouverte sur la branche d'Eyragues, en aval du bassin de partage, et allant déverser ses eaux à la Durance par l'Anguillon, au ravin de Villargelle.

6° *Branche de Saint-Gabriel*, du bassin de partage de Saint-Rémy jusqu'à Rambaye, près du hameau de Saint-Gabriel, commune de Tarascon, avec projet d'écoulement des eaux de cette branche dans le Viguérat.

DEUXIÈME PARTIE.

Projet général de la DEUXIÈME BRANCHE. *Cette branche a été désignée jusqu'ici sous le nom de* BRANCHE DE ROGNONAS, *parceque sa prise d'eau devait être placée dans cette commune; mais la Compagnie propose de porter sa prise dans la commune de Noves, à 130 mètres en aval de la prise du canal de Châteaurenard.*

Elle se subdivise comme suit :

1° *Prise d'eau à la Durance* dans la commune de Noves.

2° *Branche mère de Rognonas*, partant de la prise, et se maintenant dans tout son parcours latéralement aux chaussées projetées le long de la Durance, jusqu'au bassin de partage à construire dans la commune de Rognonas, au quartier de Bessière.

3° *Embranchement de Barbentane*, partant du bassin de partage et se développant aussi latéralement aux chaussées, jusqu'à la *Lône*, située au confluent du Rhône, où il vient déverser ses eaux.

4° *Branche de Tarascon*, partant du bassin de partage de Rognonas jusqu'à la chute à établir en face du déversoir construit sous le chemin de fer, au Mas-de-Parade, dans la commune d'Arles ; et *Canal de fuite*, partant de la chute qui termine la branche de Tarascon, près du Mas-de-Parade, pour suivre jusqu'au Rhône la Roubine, qui fait suite aujourd'hui au déversoir à clapets du chemin de fer.

La division ci-dessus résulte non seulement des conditions matérielles de l'entreprise, mais du texte même des actes de concession, qui rendent nécessaire la distinction fondamentale des deux principales branches ou des deux canaux proprement dits, dont la Compagnie doit être successivement déclarée propriétaire incommutable, après qu'elle aura régulièrement satisfait aux charges de sa concession.

BORDEREAU GÉNÉRAL DES PIÈCES DU PROJET.

MÉMOIRE GÉNÉRAL A L'APPUI DU PROJET.

PREMIÈRE PARTIE. — BRANCHE DE MALLEMORT.

1° CARTE GÉNÉRALE de la première partie, à l'échelle de 1 à 20,000.

2° PLAN D'ENSEMBLE des projets de la première Compagnie adjudicataire, mis à l'enquête en 1840 et approuvés en 1842.

3° TITRES OFFICIELS du canal des Alpines, depuis son origine jusqu'à ce jour.

4° RELEVÉ DES VENTES OU CONCESSIONS D'EAU faites aux abonnataires, que la Compagnie doit desservir, aux termes des articles 3 et 4 de l'ordonnance d'adjudication du 11 avril 1839.

1. Prise d'eau à la Durance et branche principale de Mallemort au pont Donneau.

1° Plan général ;
2° Profil en long ;
3° Dessins de la prise à la Durance ;
4° *Id.* des martellières du pont Saint-Joseph ;
5° *Id.* des martellières du pont Donneau, formant bassin de partage entre la branche septentrionale et la branche méridionale ;
6° Dessins du petit pont Donneau ou pont du chemin de Salon sur la branche septentrionale, et de l'aqueduc de Pierredon sur la branche méridionale ;
7° Type de la cuvette.

2. Branche d'Orgon.

1° Plan général ;
2° Profil en long ;
3° Profils types de la cuvette ;
4° Tableau des pentes et chutes ;
5° Plans et *profils* du projet de réparations au percé d'Orgon.

3. Branche de Saint-Rémy.

1° Plan général ;
2° Profil en long ;

3° Profils types de la cuvette ;
4° Tableau des pentes.

4. Branche d'Eyragues.

Iʳᵉ SECTION. — *Perfectionnement des travaux antérieurement commencés du bassin de partage de Saint-Rémy jusqu'au chemin des plaines, et continuation des travaux du chemin des plaines jusqu'au Réal de Châteaurenard.*

1° Plan général, de 1 à 2500 ;
2° Profil en long ;
3° Profils types de la cuvette ;
4° Type de pont d'exploitation ;
5° Tableau des pentes et chutes ;
6° Plan parcellaire, de 1 à 1000 ;
7° Tableau terrier.

IIᵉ SECTION. — *Fuite des eaux de la branche d'Eyragues à la Durance par le Réal de Châteaurenard.*

1° Plan général ;
2° Profils en long ;
3° Profils en travers.

5. Embranchement de Noves.

1° Plan général ;
2° Profils en long ;
3° Profils en travers ;
4° Profils types de la cuvette ;
5° Types des ouvrages d'art ;
6° Tableau des pentes et des chutes.

6. Branche de Saint-Gabriel.

Iʳᵉ SECTION. — *Perfectionnement des travaux antérieurement commencés du bassin de partage de Saint-Rémy jusqu'au ravin Raget.*

1° Plan général, de 1 à 2500 ;

2° Profil en long;
3° Profils types de la cuvette;
4° Type de pont d'exploitation;
5° Tableau des pentes et chutes.

II° Section. — *Continuation de la branche de Saint-Gabriel du ravin Raget jusqu'à Saint-Gabriel.*

1° Plan général ;
2° Profil en long ;

3° Profils types de la cuvette ;
4° Types des ouvrages d'art ;
5° Tableau des chutes et pentes ;
6° Plan de détail du passage près de la route n° 17.

III° Section. — *Fuite des eaux de la branche de Saint Gabriel dans le Vignerat.*

Texte des propositions de la compagnie.

DEUXIÈME PARTIE. — BRANCHE DE ROGNONAS.

Carte générale de la 2° partie.

1. Prise d'eau à la Durance, dans la commune de Noves.

1° Plan de la prise ;
2° Détails de la prise.

2. Branche mère de Rognonas.

1° Plan général ;
2° Profil en long ;
3° Profils types de la cuvette ;
5° Tableau des pentes et chutes.

3. Embranchement de Barbentane.

1° Plan général ;
2° Profil en long ;
3° Profils types de la cuvette ;
4° Tableau des pentes et chutes.

4. Branche de Tarascon et canal de fuite au Rhône.

1° Plan général ;
2° Profil en long ;
3° Profils types de la cuvette ;
5° Tableau des pentes et chutes.

Première Partie.

Projet général de la branche septentrionale du canal des Alpines, désignée sous le nom de Première Branche ou Branche de Mallemort.

I. HISTORIQUE DES PROJETS.

1° *Projet primitif de l'ingénieur Brun, en 1773.*

Le canal des Alpines, primitivement appelé *Canal de Boisgelin*, du nom de son fondateur, archevêque d'Aix, président des Etats de Provence, fut entrepris aux frais de la province , en vertu d'un arrêt du conseil du roi du 3 avril 1773 , et en exécution des projets dressés par l'ingénieur Brun (1).

Il fut construit, aux termes de ce titre même , spécialement « pour conduire les eaux tirées « de la Durance, près du village de Mallemort, dans le terroir de presque toutes les commu- « nautés de la Viguerie de Tarascon. » Dans la pensée de son fondateur, ce devait être non seulement un canal d'irrigation pour l'usage de ces communes, mais un canal de navigation , destiné, « par la dérivation des eaux de la Durance aux bords du Rhône, à se rejoindre au canal « que les états de Languedoc avaient commencé d'Aiguemortes à Beaucaire , cette communica- « tion devenant celle du canal de Languedoc , et devant former celle de Bordeaux avec la Pro- » vence. » Ses dimensions avaient été calculées pour un débit de soixante-deux *moulans* d'eau, soit 16ᵐ.47 cubes par seconde. L'élévation de la voûte des ponts et la rectitude des lignes du tracé rendent encore témoignage de cette ancienne destination.

De 1773 à 1783, les travaux furent exécutés au prix de 1,252,000 fr.; ils comprenaient : 1° la prise d'eau à la Durance, formée de sept ouvertures de 1ᵐ.80 chacune, présentant une largeur totale de 12ᵐ.60 ; et le canal à la suite, de Mallemort au pont Donneau, sur une longueur de 1,683ᵐ; 2° la branche-mère du pont Donneau jusqu'à Orgon, sur une longueur de 16,618ᵐ.93.

Dans cette partie, primitivement construite, était compris le grand aqueduc souterrain connu sous le nom de *Mine d'Orgon*, qui traverse la montagne située au dessous de ce village, sur 330ᵐ de longueur, ainsi qu'un tronçon de canal à la suite, s'étendant sur un parcours de 765ᵐ, jusqu'au rocher appelé Butte-d'Aclas, dont le percement parut présenter des difficultés telles que les administrateurs de la province ne tentèrent point de conduire le canal au delà.

Le canal des Alpines resta donc ainsi inachevé, après avoir été ouvert sur une longueur

---

(1) Le texte de tous les actes et documents cités dans ce mémoire se trouve dans la collection imprimée des *Titres officiels du Canal des Alpines*, annexée aux pièces du projet.

de 18,301ᵐ.93 à partir de la prise, c'est-à-dire jusque vers le milieu de son développement projeté sur Tarascon.

Les choses en cet état, plusieurs communes méridionales des plaines arides de la Crau, étrangères à la province et désignées sous le nom de *Terres adjacentes*, demandèrent la construction d'une branche de dérivation pour diriger vers le sud une partie des eaux « du grand canal de Mallemort à Tarascon ».

En formant cette demande, par une pétition imprimée sous le titre de *Mémoire pour les communautés d'Istres, Saint-Chamas, Grans, Eyguières, Miramas et le Corps-d'Entressen*, les intéressés disaient :

« Déjà le canal de Boisgelin, émule de celui de Crapponne, a franchi les plus grands obstacles;
« déjà la montagne d'Orgon, percée, met à même la Viguerie de Tarascon de profiter de l'avan-
« tage d'avoir de l'eau abondamment pour arroser ses vastes domaines, etc. »

Voulant faire participer au même bienfait la population des communes méridionales, bien qu'elles n'eussent aucun droit à jouir des travaux dont les impositions provinciales avaient soldé les frais, les représentants de la province leur firent prendre l'engagement de payer, au prix de 100,000 fr., la concession de dix moulans et demi d'eau, soit de 2ᵐ.65 cubes à dériver par seconde, et, après cet engagement, qui fit l'objet d'un acte préalable, du 30 janvier 1783, provoquèrent un nouvel arrêt du conseil du roi, qui, à la date du 20 février de la même année, autorisa la dérivation à prendre à cet effet, non à la Durance, non au pont Donneau, mais à un bassin à construire sur le territoire de Lamanon, c'est-à-dire à six kilomètres environ en aval du pont Donneau.

En vertu de ce nouvel arrêt, la province fit construire, pour un débit de trente moulans, soit 7ᵐ.96, le tronçon nécessaire jusqu'au bassin de Lamanon, où les nouveaux intéressés construisirent leurs prises.

Dans une délibération de l'assemblée générale des communautés de Provence du 7 décembre 1783, on lit :

« Les travaux de la dérivation vont commencer. Ils sont évalués à 300,000 livres environ.
« Avant trois ans les eaux couleront à Lamanon. On jouira dès lors de cette partie importante
« du canal, parceque les communautés sont obligées de faire faire leurs canaux particuliers en
« même temps que le pays la branche de Lamanon. Pendant les trois ans nécessaires pour porter
« l'eau dans les nouvelles contrées où on l'appelle, la première branche du canal Boisgelin ne
» sera pas inutile. *Les eaux coulent jusqu'à Orgon*, et divers particuliers à qui nous avons vendu
« un moulan d'eau et un sixième vont les conduire *au-delà de la mine*, où cette branche est
« maintenant arrêtée. Ainsi les arrosages se multiplieront de tous les côtés. »

De cet exposé préliminaire il suit que le canal des Alpines proprement dit est le canal primitivement destiné à conduire les eaux de Mallemort à Tarascon, lequel n'est plus désigné aujourd'hui que sous le nom de branche septentrionale, et que la branche méridionale n'est autre qu'une dérivation de date postérieure, en vue de laquelle la prise d'eau n'avait pas été construite, et sur laquelle ont été embranchés, fort loin de sa naissance, les fossés particuliers dont la concession avait été faite par acte préalable du 30 janvier 1783.

Lorsque pour la première fois il fut question de créer cet embranchement, le canal existait déjà jusqu'à Orgon, avec des droits d'irrigation et des jouissances acquises par divers usagers, et avec le privilége d'une pente considérable sagement calculée, dans l'établissement de la prise et de tous les ouvrages de tête, de manière à permettre ultérieurement l'abaissement des radiers, et par conséquent l'introduction des eaux à un niveau toujours suffisamment en contrebas de l'étiage. Mais il n'en fut pas ainsi de la dérivation de Lamanon. Son établissement, raccordé après coup au canal, avec une pente bien moindre, ne comportant nullement le même abaissement, a mis les intéressés de cette seconde branche dans l'impossibilité de tirer de la prise d'eau le même profit que le canal proprement dit.

Tels sont les faits de la première période, qui comprend l'exécution des projets de construction du canal, et voilà comment dès le début sont constatés par les titres les plus authentiques les droits évidents de priorité de la branche septentrionale sur la branche méridionale, et l'avantage que présente la prise d'eau à la première branche, par opposition à la seconde.

Les événements politiques de la révolution mirent obstacle à la reprise et à la continuation des travaux, arrêtés à Orgon.

Vers 1811, les usagers de l'une et de l'autre branche, souffrant de l'abandon dans lequel était alors laissée l'administration du canal, obtinrent du préfet l'autorisation de se constituer en une sorte d'association syndicale, sous le nom d'*OEuvre générale du canal des Alpines,* dans le but de pourvoir eux-mêmes à l'entretien du canal, devenu propriété de l'État par substitution aux droits de la province, moyennant la jouissance des francs-bords et de certaines rentes formant le solde restant dû sur le prix des concessions d'eau. Ils contractèrent, à cet effet, un abonnement de soixante ans, qui fit l'objet d'un cahier de charges approuvé par décret du 18 janvier 1813, d'après lequel ils eurent l'obligation d'entretenir toutes les parties du canal, à l'exception du souterrain d'Orgon, qui resta seul à la charge du Domaine, ainsi que le soin de rétablir la branche d'Orgon, dans le cas où elle serait emportée par la Durance.

2° *Projets de M. Garella, en* 1820.

Le conseil général des Bouches-du-Rhône ayant voté, en 1818 et 1819, le renouvellement des études pour l'achèvement de cette grande entreprise, l'ingénieur en chef du département, M. Garella, présenta les plans et devis du projet de continuation du canal sur Tarascon, avec un rapport à la date du 25 mars 1820, et proposa d'adjuger à une compagnie la concession de toute la partie exécutée du canal, depuis la prise jusqu'à la sortie du souterrain d'Orgon.

Ces plans, approuvés par décision ministérielle du 24 juin de la même année, tendaient à donner au canal des dimensions encore plus considérables que celles du projet primitif, propres à débiter dans la branche seule d'Orgon 72 moulans d'eau, soit $19^m.12$, indépendamment du volume nécessaire à la dérivation de Lamanon. Et, comme conséquence d'un semblable débit, vu l'insuffisance des dispositions de la prise pour l'alimentation des deux branches, le projet tendait en outre à créer une nouvelle prise, sous le village de Mallemort, *en amont de la première.*

Une compagnie se présenta pour exécuter dans ces conditions l'entreprise. Cette compagnie, représentée par M. le vicomte Chaptal, formula ses propositions dans une soumission du 15 janvier 1823.

Elle demanda la concession à perpétuité du canal des Alpines, de ses francs-bords, de toutes ses dérivations, depuis la prise d'eau dans la Durance jusqu'à la sortie du percé d'Orgon, avec les bâtiments, constructions et terrains qui en dépendent; la faculté de percevoir un droit d'arrosage, fixé à la valeur de deux litres de blé sur chaque are de terre arrosée; des exemptions de droits sur les actes relatifs au canal, des exemptions d'impôts, etc.; enfin le concours de l'association des abonnataires pour payer les frais de la nouvelle prise à construire, etc.

Ces propositions, longuement débattues par l'administration des domaines et par celle des ponts et chaussées, donnèrent lieu à un nouveau rapport de l'ingénieur en chef, M. Garella, à la date du 14 décembre 1823, concluant à leur adoption.

Remarquons en passant que ces propositions tendaient évidemment à retirer à l'OEuvre générale la jouissance des francs-bords dont elle avait été investie par son acte d'abonnement.

Mais on considéra d'abord que la privation du très modique revenu que produisaient les francs-bords était largement compensée par la part des frais d'entretien de la prise et du canal d'Orgon qu'aurait à supporter désormais la compagnie, à la décharge de l'OEuvre générale; et que dès lors l'OEuvre générale elle-même était essentiellement intéressée à en faire l'abandon pour prix de cette exonération.

Ensuite le gouvernement, voulant lui-même s'exonérer de l'entretien du souterrain d'Orgon, qui restait jusque là à sa charge exclusive, voulant surtout favoriser l'achèvement d'une œuvre d'utilité publique, reconnut qu'au pis aller, si l'OEuvre générale opposait des résistances à l'abandon de jouissances qui ne valaient pas la décharge de ses frais d'entretien, il devrait être procédé à la résiliation de son bail.

Ces considérations furent tellement déterminantes pour l'administration que M. le directeur général des ponts et chaussées rédigea dans ce sens un cahier de charges pour être joint au texte du projet de loi de concession, qu'il adressa le 6 août 1825 à M. le ministre de l'intérieur, chargé d'en faire la présentation aux chambres. Ce cahier de charges obligeait le futur concessionnaire à se conformer aux plans de M. Garella, et reproduisait dans ses principales dispositions les conditions mêmes de la soumission Chaptal.

C'est sur le vu de cette soumission, de ces projets, de ce cahier des charges, que la loi du 7 juin 1826 fut rendue.

Cette loi, constituant la base de la concession du canal des Alpines, a besoin d'être bien comprise dans son principe pour être bien appréciée dans ses conséquences.

Or, dans la pensée de ses auteurs, les projets de M. Garella devant être appliqués par suite des propositions faites par la compagnie Chaptal, et en vue d'un débit d'eau considérable, une nouvelle prise devant dès lors être construite, on crut convenable d'isoler les intérêts des deux branches, et la loi fut rendue dans la prévision de leur séparation complète en deux canaux, ayant chacun sa prise à la Durance, et devant se comporter comme suit :

La branche méridionale devait garder l'ancienne prise, et son administration future devait nécessairement exclure l'OEuvre générale de toute espèce d'action et d'intérêt sur la branche septentrionale.

La branche septentrionale devait avoir le privilége d'une prise nouvelle à construire *en amont de l'ancienne*, conduisant séparément les eaux jusques au pont Donneau, où elles devaient passer en syphon sous la branche méridionale, pour alimenter directement le canal d'Orgon et toutes ses dérivations futures.

Dans cette prévision, la loi porta :

« La concession sera perpétuelle. La portion de ce canal anciennement exécutée depuis le « pont Donneau jusqu'à la sortie du percé d'Orgon, ainsi que les terrains et bâtiments qui en « dépendent, seront gratuitement abandonnés au concessionnaire, qui demeurera chargé de « remplir tous les engagements de l'Etat vis-à-vis des abonnataires actuels. »

Cette disposition est claire, absolue, exempte d'équivoque. Elle veut dire que la Compagnie concessionnaire de la branche septentrionale aura la propriété, l'usufruit, l'administration complète et exclusive de la partie anciennement construite du canal depuis le pont Donneau jusqu'à la sortie du percé d'Orgon, à charge par elle de desservir les prises d'eau déjà ouvertes sur cette partie au profit des anciens abonnataires, conformément aux engagements de l'Etat, et suivant la réserve formulée dans ce sens de la manière la plus explicite dans le cahier de charges joint à la présentation de la loi.

Tels sont les faits de la deuxième période qui se rattachent aux projets de M. Garella et aux prévisions de la loi de 1826.

Mais la Compagnie Chaptal se retira ; les projets de M. Garella ne reçurent point leur application, et la loi, dont les prévisions furent ainsi trompées, resta comme non avenue pendant près de quinze ans.

3° *Projets de la Compagnie générale de desséchement, en 1840.*

L'administration, avant de songer à l'adjudication prescrite par la loi du 7 juin 1826, provoqua l'OEuvre générale, par une dépêche de M. le directeur général des ponts et chaussées du 26 août 1826, à renoncer elle-même aux jouissances dont elle avait été investie ; et celle-ci, appréciant à la fois ses véritables intérêts et voulant prévenir la *résiliation forcée* de son acte d'abonnement, consentit à l'abandon réclamé par l'administration, aux termes d'une délibération du 6 novembre 1826, dont elle confirma plus tard les conclusions, le 20 septembre 1838.

Cette délibération du 6 novembre 1826 limita à 30 moulans (soit 7^{mc}.965) le volume d'eau devant former le contingent de la branche méridionale ; et une ordonnance royale du 12 mars 1836, rendue sur le rapport du ministre des finances, déclara la dotation légale du canal des Alpines, pour l'une et l'autre branche, fixée à soixante moulans (15^{mc}.93, soit 7^{m}.965 pour chaque branche.)

Ces divers actes intervenus, une nouvelle Compagnie, la *Compagnie générale de desséchement*, présenta, pour l'achèvement de la branche septentrionale du canal des Alpines, une soumission à la date du 8 février 1838. Sur cette demande, l'administration mit en adjudication l'entreprise, aux termes d'une ordonnance du 11 avril 1839, et la Compagnie fut déclarée adjudicataire par décision du 9 juillet de la même année.

L'ordonnance d'adjudication reproduisit littéralement les termes de la loi en ce qui touche l'abandon perpétuel et absolu à l'adjudicataire de la portion anciennement exécutée entre le pont Donneau et la sortie du percé d'Orgon ; mais, en ce qui touche le débit des eaux concédées, les conditions de l'entreprise se trouvèrent modifiées, et les projets de M. Garella cessèrent d'être applicables à l'entreprise nouvelle, qui, loin de comporter une dérivation de $19^{mc}.12$ pour la branche septentrionale, fut limitée à une dérivation de 5 mètres cubes, à prendre à la Durance, en sus des prises antérieurement autorisées (lesquelles ne s'élèvent qu'à $2^{mc}.46$ sur cette branche), soit à une dérivation totale de $7^{mc}46$.

Et, par une conséquence naturelle de cette réduction de la concession primitivement projetée, le projet de construction d'une nouvelle prise à Mallemort se trouva virtuellement écarté, la prise ancienne, ramenée à sa destination primitive, étant à bon droit considérée comme suffisante pour la dotation légale des deux branches ; et la clause suivante fut insérée dans l'ordonnance d'adjudication :

« Art. 6. — Dans le cas où, par suite des projets approuvés, le nouveau canal devrait emprunter, en totalité ou en partie, la portion du canal des Alpines ouverte entre la Durance et le pont Donneau, les rapports de l'adjudicataire de la branche septentrionale avec l'OEuvre générale de Boisgelin seront déterminés administrativement, après avoir entendu les parties intéressées. »

La Compagnie adjudicataire présenta ses projets, par application de cette clause, le 18 février 1840.

Ces projets, dressés par M. Vallès, ingénieur des ponts et chaussées attaché à la Compagnie, consistaient :

1° A emprunter en totalité la portion du canal des Alpines ouverte entre la Durance et le pont Donneau, sans apporter aucun changement aux dispositions de la prise et aux ouvrages du tronçon commun, présentant une section suffisante pour les besoins de la nouvelle concession;

2° A restaurer la portion du canal anciennement exécutée depuis le pont Donneau jusqu'à la sortie du percé d'Orgon, de manière à assurer le débit de 5 m. c. concédés à la Compagnie en sus des prises antérieurement ouvertes sur ce parcours : le tout conformément aux profils extraits des études faites précédemment par M. Garella et renouvelées depuis par M. l'ingénieur Poulle ;

3° A disposer la partie neuve du canal pour le débit des 5 m. c. depuis la sortie du percé d'Orgon, ou, plus exactement, depuis les martellières Saint-Véran jusqu'à un bassin de partage à construire à Saint-Rémy;

4° A faire un embranchement sur Eyragues destiné à déverser ses eaux dans le Réal, à la limite des communes d'Eyragues et de Châteaurenard;

5° A faire un embranchement sur Saint-Gabriel, destiné à déverser ses eaux dans le Viguérat, à Saint-Gabriel.

A l'appui de ces projets, qui furent mis à l'enquête en 1840, la Compagnie présenta un *plan d'ensemble* dont nous annexons ici un exemplaire lithographié, sur lequel on remarquera les deux dispositions importantes que nous venons de signaler :

L'écoulement des eaux de la branche d'Eyragues dans le Réal, à la limite d'Eyragues et de Châteaurenard ;

Et l'écoulement des eaux de la branche de Saint-Gabriel dans le Viguérat.

Tandis que ces projets étaient soumis à l'approbation administrative, la Compagnie, frappée de l'insuffisance du volume d'eau qui lui était concédé pour l'irrigation d'un périmètre d'environ 50,000 hectares, demanda l'autorisation de dériver de la Durance un volume d'eau supplémentaire, exposant que « dix mètres cubes, au lieu de cinq, seraient nécessaires pour mettre le canal « des Alpines en rapport avec les besoins de la contrée qu'il devait traverser » ; mais elle proposa, à cet effet, non pas la construction d'une nouvelle prise à Mallemort ou l'élargissement de l'ancienne, mais la création d'une seconde prise sur le territoire de Rognonas.

Par une décision du 27 juillet 1840, M. le ministre des travaux publics ordonna que le projet de cette nouvelle prise fût mis à l'enquête.

Par une autre décision, du 17 juillet 1841, M. le ministre, consacrant les résultats de l'enquête, approuva en principe la construction d'une prise à Rognonas, et ordonna une nouvelle enquête pour établir les bases d'une répartition des eaux.

Enfin, après ces diverses enquêtes, intervint une dépêche de M. le ministre des travaux publics du 25 mars 1842, notifiant la décision rendue le 18 du même mois sur l'avis du conseil général des ponts et chaussées, et portant approbation des projets présentés par la Compagnie.

En conséquence, la Compagnie fut autorisée, d'une part, à emprunter, pour une partie de sa concession, la prise et le canal de Mallemort, d'où est née, aux termes de l'ordonnance de 1839, la nécessité d'un règlement d'administration publique, qui n'a point été fait jusqu'ici, pour déterminer les rapports qui doivent exister entre les deux branches ; et, d'autre part, elle resta libre de suivre le tracé et les profils du projet présenté par elle.

En ce qui touche le supplément de concession demandé, ce n'est que bien long-temps après ces décisions que l'autorisation fut accordée, par décret du 31 juillet 1851, de dériver de la Durance, par la construction d'une prise à Rognonas, 5 mètres cubes d'eau par seconde en sus des 5 mètres déjà concédés par l'ordonnance du 11 avril 1839.

Cependant, après l'exécution d'une partie de l'entreprise depuis le point où les états de Provence l'avaient laissée jusque sur le territoire de Saint-Rémy, la Compagnie générale de desséchement vendit sa concession à une Compagnie anglaise, qui obtint, par ordonnance du 13 décembre 1845, une prorogation des délais fixés par l'ordonnance du 11 avril 1839.

4. *Projets de la Compagnie anglaise en 1847.*

Cette nouvelle Compagnie, représentée par MM. Rathbone, Ewart et Hall, continua les travaux sur la base des approbations antérieures ; mais, voulant donner à leur exécution un développement beaucoup plus considérable, sans calculer peut-être avec assez de soin quels avantages pouvaient en résulter, adopta deux changements notables aux projets :

1° Pour la branche d'Eyragues, elle prolongea le tracé bien au delà de la limite indiquée sur les plans de 1840, et elle proposa de la faire déboucher jusque dans la Durance par le canal de fuite du réal de Châteaurenard, dit la Foussière, à la limite de la commune de Noves.

2° Pour la branche de Saint Gabriel, elle proposa, d'une part, l'établissement coûteux d'un grand nombre de chutes en maçonnerie, et, d'autre part, de prolonger le canal au delà du Viguérat au moyen d'un pont-aqueduc à construire sur ce cours d'eau et d'un remblai considérable à élever à travers la plaine, pour aller déverser les eaux jusqu'au Rhône par la Lone de Lansac.

Ces travaux, entrepris et conduits à grands frais par la Compagnie anglaise, furent abandonnés après deux ans d'infructueux sacrifices, et la Compagnie fut mise en déchéance par décision du 17 août 1848.

Plus tard, la Compagnie, ayant demandé à être relevée de la déchéance, fut mise en demeure d'exécuter les conditions auxquelles l'administration, par décret du 31 juillet 1851, consentit à la rétablir dans sa concession. — Ces conditions sont les suivantes :

La concession fut divisée en deux parties distinctes : la première partie, comprenant la *branche de Mallemort*, ou le canal des Alpines proprement dit, ayant sa prise à Mallemort, devait conformément aux titres antérieurs, dériver cinq mètres cubes par seconde, en sus des prises concédées aux abonnataires de la branche d'Orgon ; la deuxième partie, comprenant la *branche de Rognonas*, ou, pour mieux dire, le nouveau canal, devait avoir, comme nous l'avons dit, une prise particulière dans la commune de Rognonas, et dériver de la Durance un semblable volume de cinq mètres cubes par seconde.

La Compagnie obtenait l'avantage de pouvoir devenir propriétaire incommutable de la première branche après son achèvement, même en abandonnant l'exécution de la seconde, moyennant une dépense à faire sur cette seconde branche d'un minimum de 50,000 fr.

Quant aux travaux, la première partie comprenait (outre le perfectionnement et la mise en état de service complet de la branche d'Orgon à Saint-Rémy) l'exécution de la branche d'Eyragues et celle de la branche de Saint-Gabriel ; mais, d'autre part, deux dérivations secondaires, l'une sur Noves, l'autre sur Lansac avec canal de fuite jusqu'à Arles, devaient être embranchées, la première sur la branche d'Eyragues, la deuxième sur la branche de Saint-Gabriel.

On voit par là que la branche de Saint-Gabriel devait être conduite au delà du Viguérat, mais qu'au lieu d'être écoulée directement au Rhône par la Lone de Lansac, elle devait être prolongée, à partir de Lansac, comme canal de fuite, jusqu'à Arles.

La seconde partie comprenait la construction d'une prise d'eau à Rognonas et les canaux destinés à en être dérivés, sans énonciation de détails, et devait prendre le nom de seconde branche septentrionale du canal des Alpines.

Dans la pensée des rédacteurs de ces dispositions, cette deuxième branche devait se réunir vers Lansac à la première, pour avoir la même fuite jusqu'à Arles. On reconnaît *a priori* l'inconvénient de cette connexité, de cet amalgame entre les deux branches, qui, rationnellement, et dans un intérêt d'avenir, auraient dû, ce nous semble, être maintenues entièrement distinctes pour former toujours deux canaux à part.

La Compagnie, pour être relevée de la déchéance, était également soumise à l'obligation de solder, dans le délai de quatre mois, toutes les dettes liquides et exigibles qu'elle avait antérieurement contractées pour l'exécution des travaux, et devait, en outre, verser un nouveau cautionnement de 100,000 fr., destiné à lui être rendu après l'exécution de nouveaux travaux représentant une somme double.

C'est à ces conditions que la Compagnie anglaise fut appelée à rentrer dans sa concession ; mais, n'ayant point voulu, ou peut être, après le désastre de sa déchéance, n'ayant point pu satisfaire à ces conditions, le décret du 31 juillet 1851 fut, relativement à elle, comme non avenu, et la décision de déchéance du 17 août 1848, loin d'être révoquée, fut confirmée par arrêt du Conseil d'Etat promulgué par décret du 2 juin 1853.

Durant la période de cette déchéance, il fut pourvu, à titre provisoire, au service des premiers arrosages que comportait la partie exécutée du canal ; il fut pourvu aux compléments d'ouvrages qu'exigeait cette partie, et même à la continuation des travaux, par des syndicats, qui, sans exécuter les projets, se contentèrent de suivre, sur des sections bien moindres, l'axe des lignes adoptées. Les eaux furent amenées, par les soins de ces syndicats, sur la branche d'Eyragues jusqu'au chemin des plaines, à 8786 mètres en aval du bassin de partage de Saint-Rémy, et sur la branche de Saint-Gabriel jusqu'au ravin Raget, à 9032 mètres du même point.

5. *Projets de la nouvelle Compagnie.*

C'est dans cette situation que la Compagnie actuelle, investie par décret du 14 juin 1854, de la suite des anciennes concessions, comprenant le bénéfice comme les charges des dispositions du décret du 31 juillet 1851, a trouvé l'entreprise.

Mais, avant l'adoption du nouveau décret du 14 juin 1854, une instruction administrative avait eu lieu, et l'administration avait, sur le rapport de MM. les ingénieurs des Bouches-du-Rhône, prévu la nécessité d'apporter des changements aux conditions d'exécution posées dans le décret du 31 juillet 1851.

Au nombre des modifications dont l'adoption était ainsi signalée par l'administration, et acceptée d'avance par la Compagnie, comme devant servir de base réelle à sa concession, étaient les deux suivantes :

1° La branche de Saint-Gabriel, au lieu d'être conduite jusqu'à Lansac (au moyen d'un grand remblai à travers la plaine, susceptible de présenter d'immenses inconvénients comme formant barrage aux eaux d'inondation), ne devait être prolongée que jusqu'au Viguérat, suivant le projet de la première Compagnie, et conformément aux droits stipulés par les anciens contrats, notamment par une transaction du 9 octobre 1619, qui réserve la faculté d'écouler dans ce récipient les futurs canaux d'arrosage.

2° La prise de la seconde branche, au lieu d'être construite à Rognonas, devait emprunter l'emplacement même de la prise existante du canal de Châteaurenard, sur le territoire de Noves, moyennant transaction ou règlement à intervenir entre la Compagnie et l'association des arrosants de Châteaurenard.

Ces modifications, signalées par l'administration, ont motivé l'insertion dans le nouveau décret de concession, de l'art. 10, ayant pour objet de déterminer la présentation par la nouvelle Compagnie d'un projet conforme à ces indications.

Privée des plans de la Compagnie déchue, convaincue d'ailleurs, comme l'administration, de la nécessité de les modifier, la Compagnie présente aujourd'hui ses projets dans le sens ainsi indiqué comme base de la nouvelle concession, par voie de retour aux conditions générales de projets de la première Compagnie mis à l'enquête en 1840 et approuvés en 1842.

Les nouvelles dispositions qu'elle propose ont surtout pour objet :

1° D'écouler les eaux de la branche de Saint-Gabriel dans le Viguérat, en supprimant l'inutile et dangereux remblai projeté par la Compagnie anglaise à travers la vallée de Saint-Gabriel à Lansac, et en isolant désormais complétement les canaux de la première branche de ceux de la seconde ;

2° De construire la prise de la seconde branche, non à Rognonas, mais sur le territoire de Noves, sans emprunter toutefois la prise du canal de Châteaurenard et sans établir aucun rapport avec l'association qui la régit, la Compagnie se proposant d'avoir sa prise complétement indépendante, à 130 mètres en aval de celle de ce dernier canal, sur un point qu'elle croit d'ailleurs sous tous les rapports préférable.

Parmi les autres dispositions du nouveau projet, il en est une qui tend à modifier la partie extrême du tracé adopté par la Compagnie anglaise pour la branche d'Eyragues, lequel contournait, pour aller rendre les eaux à la Durance, la montagne de Châteaurenard, sans aucune chance d'étendre les arrosages sur cette partie du territoire d'une commune déjà abondamment irriguée. Notre projet tend à conduire les eaux au même point, c'est-à-dire au canal de fuite dit la Foussière, qui, par le grand Anguillon, les porte à la Durance, mais en les jetant d'abord dans le Réal de Châteaurenard, au point le plus voisin de la ligne actuelle des travaux, et en les faisant rebrousser de là vers le canal de fuite, au moyen d'un simple appareil formé d'une martellière de retenue combinée avec un déversoir de surface.

En récapitulant les modifications diverses apportées aux projets antérieurs, il sera aisé de reconnaître qu'après tout, nos tracés, pris dans leur ensemble, auront pour résultat d'étendre le périmètre irrigable, au lieu de le restreindre, et de présenter à l'intérêt général des avantages supérieurs à ceux qui auraient pu résulter de l'application pure et simple des dispositions du décret du 31 juillet 1851. Les détails que comporte chacune des parties de l'entreprise, dans ce qui est déjà exécuté comme dans ce qui reste à exécuter encore, vont être successivement exposés dans les rapports suivants, destinés à accompagner les plans de chaque branche.

I. PRISE D'EAU A LA DURANCE,

ET BRANCHE PRINCIPALE DE MALLEMORT AU PONT DONNEAU.

D'après les anciens documents, les anciennes expériences et nos propres observations, le seuil des martellières de la prise de Mallemort a été établi à 1^m.50 en contrebas de l'étiage ordinaire de la Durance.

Adoptant ce point de départ, pour apprécier le débit de la prise et des premiers ouvrages régulateurs du canal des Alpines, nous constatons les faits suivants :

1° *Martellières de la prise.*

La prise de Mallemort, par sept ouvertures de 1^m.80 de largeur moyenne, avec une hauteur d'eau de 1^m.50 et une pente de 0.0005144 par metre, débite 16^{m.c.}80 par seconde, comme l'indique l'application de la formule de Prony (1).

Ce débit, correspondant approximativement à la quantité de 62 moulans (16^m.47) que les constructeurs primitifs ont eu l'intention de dériver de la Durance, suffit amplement aux besoins des concessions actuelles, qui ensemble n'absorbent pas au delà de la dotation légale, fixée à 60 moulans (15^m.93).

Nous disons que la prise est formée de sept ouvertures de 1^m.80 chacune; mais une de ces ouvertures est aujourd'hui murée, ce qui réduit le débit actuel de la prise à 14^m.40. Or, comme cette dernière quantité serait insuffisante pour assurer le service des concessions, nous regardons tout d'abord comme indispensable d'enlever le massif qui ferme cette septième martellière et de la mettre en état de service. Après ce rétablissement, la dotation de soixante moulans sera pleinement assurée par le débit des sept ouvertures, à la hauteur de 1^m.45 d'eau seulement.

---

(1) On a supposé, dans les calculs, que l'écoulement des eaux était établi en *régime uniforme*, avec les pentes indiquées dans les profils; on n'a pas tenu compte des contractions et des remous qui se produisent sous les ponts et dans les rétrécissements ou changements brusques de profils. La formule du mouvement uniforme de Prony, $Ri = av + bv^2$, a donc été appliquée, et elle doit donner des approximations suffisantes.

$$Ri = av + bv^2$$
$$R = \frac{P}{S} = \frac{2.70}{4.80}$$
$$i = 0.0005144$$
$$Ri = \frac{2.70}{4.80} \times 0.0005144 = 0.000289$$

D'où vitesse
$$v = 0,89$$

Dépense, par une ouverture,
$$q = sv = 2.70 \times 0.89 = 2.40$$

Et dépense totale,
$$Q = 2.40 \times 7 = 16^{m^3}80$$

2ᵉ *Martellières du pont Saint-Joseph.*

A 658 mètres de distance de la prise, a été construit un second rang de martellières adossées à la face amont du pont Saint-Joseph, et formant angle droit avec des martellières de décharge rendant, par un canal de fuite, les eaux à la Durance.

Cet appareil est depuis très long-temps hors de service. Le déversoir ne consiste d'ailleurs qu'en trois vannes de fonds, de 1ᵐ.75 de largeur, et une seule de ces vannes est à peine en état de fonctionner. Le canal de fuite lui-même, de très petite dimension, presque entièrement obstrué et barré, ne pourrait recevoir le volume d'eau susceptible d'être débité par les trois vannes réparées. Nous pensons que cet état de choses exige des améliorations et que le déversoir doit être ramené à sa destination primitive.

Mais, dans tous les cas, pour le fonctionnement utile de ce déversoir, les martellières transversales formées aujourd'hui de cinq piédroits en tête du pont Saint-Joseph nous paraissent complétement sans objet. Ces martellières, telles qu'elles avaient été prévues à l'origine, comme ouvrage très accessoire, avec trois piédroits, c'est-à-dire avec deux supports de côté et un seul pilier au milieu, laissaient entièrement libre l'ouverture des deux arches du pont, de 4ᵐ.50 chacune. On y a ajouté deux piliers qui, placés entre les arches, réduisent la section à la largeur de quatre ouvertures de 1ᵐ.95, et font ainsi obstacle au débit réglementaire des eaux.

Nous proposons la supression de ces deux piliers intermédiaires. Ils présentent non seulement l'inconvénient de diminuer notablement le débit, mais ils sont encore tout à fait inutiles par les raisons suivantes. 1ᵉ Les martellières peuvent, à la rigueur, être rétablies dans leurs conditions primitives en conservant à la section du canal les proportions entières de la largeur du pont ; 2° elles peuvent même être absolument supprimées, et nous n'hésitons pas à le proposer, car il est à remarquer, d'une part, que les trois vannes latérales de décharge, de 1ᵐ.75 chacune, ne comportent pas l'écoulement de toutes les eaux, et, d'autre part, que les martellières elles-mêmes, suppléées en partie par le pont Saint-Joseph comme appareil de sûreté, font encore double emploi avec celles du pont Donneau, établies en aval.

Par la suppression des deux piliers dont nous parlons, le profil du canal, présentant l'ouverture totale des deux arches du pont Saint-Joseph, de 4ᵐ.50 chacune, le débit sera, par seconde, avec la pente de 0.0005144 et la hauteur d'eau de 1ᵐ.50, de 16ᵐ·ᶜ· 47 : quantité exactement égale au débit primitivement calculé de 62 moulans.

3° *Martellières du pont Donneau.*

Ces martellières, adossées à la tête amont du pont Donneau et formant bassin de partage à l'aide d'un simple mur qui sépare la branche méridionale de la branche septentrionale, présentent neuf ouvertures de 1ᵐ.32 de largeur sur 2ᵐ.12 de hauteur.

Six de ces ouvertures sont à l'usage de la branche méridionale, et trois à l'usage de la branche septentrionale.

Cette inégalité de partage s'explique en partie par l'inégalité de pente existant, dès l'origine, entre les deux branches.

Il résulte, en effet, de l'ancienne disposition des lieux, que la branche septentrionale possède aux martellières même du pont Donneau une chute qui, combinée avec la pente et la section existant en aval, peut aisément permettre d'alimenter cette branche par trois ouvertures aussi complétement que l'autre branche par six.

Mais cette ancienne disposition des lieux, quoiqu'elle soit encore marquée sur le plafond même du canal, a été gravement altérée.

Il est indispensable aujourd'hui de la rétablir, sinon complétement, du moins assez complétement pour assurer désormais à la branche septentrionale, comme à la branche méridionale, le facile débouché de toutes les eaux concédées.

Ce rétablissement, même incomplet, des anciens profils, dont la trace se retrouve en partie dans le niveau actuel du plafond, donne pour cette branche une chute de 0.532 aux martellières du pont Donneau, suivie d'une pente de 0.00022 par mètre du pont Donneau au pont d'Alleins, sur une longueur de 2000 mètres, soit une différence totale de niveau représentant une pente de $0^m.00049$ par mètre, du seuil amont des martellières du pont Donneau au plafond réglementaire du canal, à 2000 mètres en aval.

La branche méridionale, dont les conditions primitives ont été constamment améliorées, à l'inverse de l'autre branche, a une pente de 0.000374 par mètre, sur le premier kilomètre, mesuré à partir du bassin de partage. Sa section est déterminée, immédiatement en aval des martellières, par une cuvette régulière de 14 mètres de largeur.

Dans ces conditions, toutes les eaux susceptibles dêtre introduites dans le canal alimentaire peuvent être entièrement et facilement débitées par les martellières du pont Donneau. La branche méridionale reste en possession, il est vrai, d'un notable avantage sur l'autre branche; mais le fonctionnement régulier des vannes alimentaires, combiné ultérieurement, s'il y a lieu, avec l'abaissement des radiers, permettra aisément, pour l'une et l'autre branche, un débit proportionnel à leurs droits, respectivement limités par des repères.

Nous réservant à cet égard d'entrer ci-après dans de plus amples détails, nous nous bornons à constater ici qu'en résumé les dispositions générales des ouvrages régulateurs du tronc commun du canal des Alpines suffisent pour assurer complétement le débit de toutes les eaux concédées, mais ne permettraient pas néanmoins d'excéder, sans risquer de porter un grave préjudice aux droits existants, la dotation légale de 60 moulans ($15^m.93$) fixée pour les deux branches, ainsi qu'il résulte des termes de l'ordonnance royale rendue, sur le rapport de M. le ministre des finances, à la date du 12 mars 1836.

PROJET DE RÈGLEMENT ENTRE LA BRANCHE MÉRIDIONALE ET LA BRANCHE SEPTENTRIONALE DU CANAL DES ALPINES.

EXPOSÉ DES MOTIFS.

Après avoir constaté que le débit convenablement régularisé de la prise et du tronc alimentaire du canal des Alpines est au moins égal à la dotation de 60 moulans ($15^m.73$) à répartir entre les deux branches, notre premier soin est d'établir dans quelle proportion cette répartition doit s'opérer.

Il ne s'élève sur ce point ni question, ni difficulté : les titres sont précis ; il nous suffit de tenir compte de toutes les concessions à desservir.

Or, de la réunion de tous les titres (tels qu'ils sont mentionnés notamment dans le dernier tableau publié par l'OEuvre générale, à la date du 28 avril 1852) il résulte que la branche méridionale a droit à une dérivation totale de 31 moulans 11|24 ($8^m.36$), à distribuer entre 20 propriétaires ou corps intéressés, et la branche septentrionale à une dérivation totale de 28 moulans 2|24 ($7^m.46$), composée, savoir : de 9 moulans 6|24 ($2^m.46$) réservés aux anciens abonnataires de cette branche, qui sont au nombre de 15, et de 18 moulans 20|24 (soit 5^m cubes par seconde) faisant l'objet spécial de notre concession.

Ces deux quantités réunies ne forment, pour les deux branches, qu'un total de 59 moulans 13|24 ($15^m.82$), au lieu de 60 moulans ($15^o.93$). Il reste donc encore disponible une très petite fraction de 11|24 de moulan (environ $0^m.11$), que nous ne mentionnons ici que pour mémoire, comme quantité à valoir pour déperditions imprévués, et que nous proposons de répartir sur chaque branche proportionnellement à leur dotation respective.

Voici, en conséquence, le tableau qui, pour nous, exprime la répartition normale et définitive des eaux :

Branche méridionale.—Dotation : 31 moulans 11/24 = ($8^{mc}.36$)	}	31 moulans 17/24 = ($8^{mc}.42$)
Fraction disponible : 0 moulan 6/24 = ($0^{mc}.06$)	}	
Branche septentrionale. Dotation : 28 moulans 2/24 = ($7^{mc}.46$)	}	28 moulans 7/24 = ($7^{mc}.51$) ·
Fraction disponible : 0 moulan 5/24 = ($0^{mc}.05$)	}	
	Total 60 moulans	= ($15^{mc}.93$)

Si, après avoir fixé ces proportions comme seule base possible du règlement à intervenir, nous examinons quel est aujourd'hui, relativement à la branche septentrionale, l'état réel des choses, nous ne tardons pas à reconnaître que cette branche, presque toujours régie par l'OEuvre générale, c'est-à-dire par la réunion des abonnataires, dont la majorité est formée des intéressés de l'autre branche, a successivement perdu tous les avantages de sa situation primitive.

Le bénéfice, par exemple, de la chute existant sur la branche septentrionale, aux martellières mêmes du pont Donneau, a été complétement annihilé par l'effet du *Barrage de la baron-nerie*, dont le couronnement n'est en contrebas du seuil amont des martellières du pont Don-neau que de $0^m.277$. Comme ce barrage est à la distance de 2000 mètres du pont Donneau, cette légère différence de niveau entre ces deux points ne représente, sur ce premier parcours, qu'une pente de $0^m.000138$ par mètre.

Il suit de là qu'*à l'étiage*, lorsque les eaux en amont des martellières ont au plus une hauteur de $1^m.50$, les trois martellières de la branche septentrionale ne peuvent débiter que $2^m.246$, soit environ 8 moulans 1[2, c'est-à-dire moins que la quantité réservée aux seuls abonnataires de cette branche, et que, dans cet état, eu égard aux conditions matérielles de leur répartition la branche méridionale, ayant 6 martellières au lieu de 3, une pente de $0^m.000374$ au lieu de $0^m.000138$, et pouvant dès lors débiter $8^m.076$, reçoit à l'étiage plus de 78 p. 100 des eaux, tandis que l'autre en reçoit moins de 22 p. 100.

Ces démonstrations théoriques sont, du reste, pleinement confirmées par l'expérience. L'in-suffisance des eaux se fait sentir plus ou moins, chaque année, sur la branche septentrionale, pendant un certain laps de temps. En 1848, elle se manifesta de la manière la plus dommageable pour les abonnataires d'Orgon, et même, sans remonter plus loin que la dernière année, nous pouvons affirmer qu'au mois de juillet 1855, nous l'avons constatée nous-mêmes pendant une période d'environ quinze jours, durant laquelle, indépendamment de toute circonstance de force majeure, la branche méridionale continuait de jouir normalement des eaux.

Si nous ajoutons à tout cela cette nouvelle circonstance que jusqu'ici c'est l'OEuvre générale (c'est-à-dire l'administration de la branche méridionale) qui manœuvre elle-même les martel-lières d'alimentation de l'autre branche, nous aurons constaté une anomalie de plus, qu'il suffit de signaler pour en révéler toutes les conséquences.

C'est assez dire que cet état de choses ne peut continuer. A peine comprend-on qu'il ait duré jusqu'à ce jour, et que l'ancienne compagnie concessionnaire ait pu contribuer aux charges de l'OEuvre générale dans la proportion d'un contingent qu'elle n'a jamais reçu, qu'elle n'a jamais pu recevoir.

Ces considérations, qui sont assurément de nature à faire apprécier l'urgence d'un règlement dont l'absence ne peut que compromettre de la manière la plus grave les droits de toute la con-trée en vue de laquelle le canal lui-même a été originairement construit; ces considérations nous conduisent à l'examen d'une question de priorité, que les intéressés de la branche méridio-nale ont constamment soulevée pour justifier ces mêmes abus aux yeux des populations.

Les anciens concessionnaires des prises d'eau autorisées *au bassin de Lamanon*, nantis d'un titre qui remonte au 30 janvier 1783, ont, disent-ils, le droit de se servir par priorité des eaux introduites *au bassin de partage du pont Donneau*, de sorte qu'en cas de pénurie, les contrées comprises dans l'ancienne *viguerie de Tarascon*, au profit et avec l'argent desquelles a été con-struit le canal, n'auraient droit à l'usage des eaux qu'après que les prises ouvertes *au bassin de Lamanon* auraient été desservies.

On ne peut pas fausser d'une manière plus évidente l'esprit des titres, les principes du droit et la vérité des faits.

Le canal des Alpines, entrepris par la province, en vertu d'un arrêt du Conseil du 3 avril 1773, pour conduire les eaux de *Mallemort à Tarascon*, étant resté inachevé pendant un grand nombre d'années, le gouvernement, pour déterminer l'achèvement de cette œuvre difficile, a, par une loi du 7 juin 1826, substitué aux droits et obligations du constructeur primitif une compagnie qui, en raison de cette substitution, s'est chargée de cet achèvement.

Evidemment le bénéfice du titre primitif reste acquis à la contrée dont la Compagnie vient servir l'intérêt, comme la province elle-même dont elle est appelée à continuer l'œuvre.

C'est seulement aux termes d'un arrêt du Conseil du 20 février 1783 qu'une dérivation secondaire a été créée également par la province, à partir du pont Donneau, pour conduire les eaux à *un bassin commun à construire dans le terroir de Lamanon*. Dans ce bassin, c'est à-dire à l'extrémité de la dérivation de Lamanon, alors qu'elle n'était encore qu'en projet, des prises d'eau ont été autorisées suivant un contrat préalable du 30 janvier 1783; mais, avant ce contrat, avant ces prises particulières, avant la construction par la province de cette dérivation, le canal des Alpines proprement dit, destiné à conduire les eaux de Mallemort à Tarascon, existait jusqu'à Orgon, et déjà des jouissances y étaient légitimement acquises.

Les titres les plus authentiques en fournissent la preuve, puisque les pétitions mêmes par lesquelles les communautés intéressées demandaient la création de la dérivation de Lamanon, et les délibérations des états de Provence qui en précédèrent la construction, parlent des avantages déjà réalisés par les eaux *du grand canal et des ventes déjà faites à divers particuliers pour les conduire au delà du percé d'Orgon.*

Il y a mieux : avant l'existence même du canal, certains usagers avaient des prises d'eau tirées du canal de Crapponne ou de fossés particuliers, en remplacement desquelles il leur fut fait des concessions sur la branche d'Orgon. Il est clair que ceux-ci, devant être desservis suivant leurs droits, antérieurs à la création même du canal, auraient certainement l'avantage de la priorité (pour eux, et par conséquent pour leur branche) sur tous les usagers de la branche de Lamanon.

Enfin, nous n'avons sur ce point qu'un mot à ajouter : c'est que le titre même du 30 janvier 1783, qu'invoquent les concessionnaires des fossés particuliers *faisant suite au bassin de Lamanon,* limite expressément leur droit de priorité à l'usage des eaux de leurs fossés particuliers, en raison de la réserve stipulée par la province d'autoriser dans ces mêmes fossés des prises nouvelles pour l'usage de concessionnaires futurs. Reste donc complétement intacte la question de priorité entre les branches.

Mais, malgré la puissance des arguments fondés sur ces prémisses, avons-nous l'intention d'en tirer la conclusion, fort juste assurément, que le canal proprement dit, ou la branche septentrionale, doive avoir désormais, *au bassin de partage du pont Donneau,* un privilége quelconque, pour l'usage des eaux, sur la dérivation secondaire de Lamanon? — Nullement. — Nous comprenons, sans doute, toute l'étendue des droits que nous pourrions revendiquer dans l'intérêt de la contrée que nous sommes appelés à défendre; mais nous comprenons aussi le prix d'un sacrifice en faveur de la libérale répartition d'un bienfait, et nos projets réglementaires ne tendent à établir *entre les branches* aucune différence dans l'ordre de jouissance des eaux.

Un seul point, toutefois, nous paraît devoir faire l'objet d'une réserve. Nous pensons que, par suite des variations des eaux de la Durance et des saignées nouvelles qu'elle subit incessamment, il peut se faire qu'un jour il y ait utilité à abaisser le seuil de la prise, le plafond du tronc commun et les divers radiers. Un tel abaissement, en se réalisant, serait d'un grand avantage pour les deux branches, car, par là, le volume total serait augmenté de toute la quantité qui pourrait être prise en contre-bas du seuil actuel; et cet avantage existerait encore dans l'intérêt commun, même en supposant que, dans ce cas, la branche septentrionale eût une priorité de fait sur l'usage des eaux. On comprend en effet que, si elle prenait son contingent en contre-bas du seuil actuel de la prise, elle laisserait un total disponible d'autant plus considérable pour assurer le contingent de l'autre branche.

Cependant, à l'appui de leur système, les intéressés de la branche méridionale objecteront encore qu'aux termes de tous les actes de l'autorité administrative, les nouveaux concessionnaires ne peuvent prétendre à l'eau qu'après que les premiers ont eu leur contingent, et, assimilant, par un abus de mots, la Compagnie concessionnaire de la branche septentrionale à un simple abonnataire comme eux, voudront que la contrée tout entière pour laquelle a été créé le canal que la Compagnie est chargée d'achever, n'ait droit à la jouissance des eaux qu'après eux, et par extension après la branche à l'extrémité de laquelle sont ouvertes leurs prises.

Cette objection déplace doublement la question.

1° Il ne s'agit pas ici de la répartition à faire des eaux entre les usagers ; il s'agit de leur répartition entre les branches au bassin de partage du pont Donneau. Or, cette question ne préjuge en rien celle des droits que peuvent invoquer, les uns relativement aux autres, les usagers de chaque branche ou les anciens abonnataires entre eux. Les titres à invoquer ne sont point ceux qui concernent tels ou tels concessionnaires ou bénéficiaires de l'usage des eaux, mais ceux qui concernent respectivement chaque branche, ou pour mieux dire chaque contrée intéressée.

2° La Compagnie déclarée concessionnaire de la branche septentrionale, par substitution aux droits comme aux obligations de la province et de l'État sur cette branche, nantie par une loi et par divers décrets de droits d'expropriation qui n'existent au profit d'aucun des abonnataires, ni même au profit de l'Œuvre tout entière, laquelle n'est que temporairement fermière de l'État et rigoureusement susceptible elle-même d'être expropriée de son bail ; la Compagnie, disons-nous, n'est point du tout concessionnaire au même titre que ces abonnataires. Tandis que ces derniers, soit individuellement, soit collectivement, n'ont acquis et n'acquièrent à aucun prix ni le tronçon commun, ni la branche méridionale, qui restent la propriété de l'État, la Compagnie, continuant à grands frais la branche septentrionale, qui, pour prix de son achèvement, lui a été abandonnée, est investie d'un droit absolu de propriété qu'elle croit chèrement payer et qui n'est subordonné qu'à l'accomplissement de ses obligations. Ce droit même n'a rien de commun avec l'autorisation de se servir des eaux, qui fait l'objet des concessions propres aux abonnataires, mais implique, au contraire, l'autorisation de les vendre au prix d'un tarif fixé par une loi et d'en faire jouir les abonnataires eux-mêmes.

L'argument tiré de l'assimilation de la Compagnie à un abonnataire est donc à tous égards dénué de fondement, et nous aurions pu nous dispenser de faire ressortir toute l'étendue de cette différence, en nous bornant à rappeler que cet argument a été écarté, sur l'avis du conseil général des ponts et chaussées, par plusieurs décisions de M. le ministre des travaux publics.

« Dans ses rapports avec l'OEuvre générale de Boisgelin, la nouvelle Compagnie des Alpines « (est-il dit dans la première de ces décisions, en date du 25 mai 1855) ne saurait être consi-« dérée comme un arrosant ordinaire auquel cette œuvre distribuerait les eaux moyennant une « redevance égale à celle de tout propriétaire qui veut jouir du bénéfice de l'irrigation. La nou-« velle Compagnie ne doit pas plus dépendre de l'OEuvre générale des Alpines que l'OEuvre géné-« rale ne doit dépendre d'elle. L'Etat, propriétaire du canal domanial, a jugé opportun, dans l'intérêt « général, de passer un contrat d'amodiation pour une partie de ce canal, et de concéder défi-« nitivement l'autre; c'est à lui qu'il appartient, ainsi que l'a prescrit l'article 6 de l'ordonnance « royale du 11 avril 1839, de déterminer administrativement les rapports des parties intéres-« sées, et dans ce règlement il doit s'abstenir de les subordonner l'une à l'autre, en évitant en-« tre elles toute communauté autre que celle qui résultera de l'entretien de la prise d'eau en « Durance et du tronc commun depuis Mallemort jusqu'au pont Donneau. »

Une seconde décision, du 31 juillet 1855, reproduisant les mêmes conclusions, établit encore que *la Compagnie ne doit compte que d'une part proportionnelle de dépense à raison de la communauté de la prise d'eau en Durance et de l'usage du tronc commun entre Mallemort et le pont Donneau, et que c'est au règlement administratif à intervenir qu'il appartiendra de fixer les bases de cette répartition.*

Telles sont les données générales qui nécessairement vont servir de base à nos propositions.

Il ne reste qu'un point sur lequel quelques explications nous semblent nécessaires.

Les abonnataires de la branche d'Orgon n'ont cessé jusqu'ici de payer à l'OEuvre générale, sous forme de redevance ou de rente annuelle, une portion du prix de leurs concessions d'eau, par application du contrat d'abonnement. Indépendamment de cette redevance, ils paient en outre les impositions ordinaires et extraordinaires auxquelles ils sont taxés comme membres de l'OEuvre. Or, ces dispositions, qui ont dû subsister aussi long-temps qu'aucun règlement n'a déterminé de nouveaux rapports entre les branches, étaient la conséquence naturelle du régime commun sous lequel étaient placées les deux branches avant que la loi de 1826 eût fait abandon de celle d'Orgon à une compagnie chargée de son achèvement. Mais le changement de régime opéré par la loi de 1826 et par l'ordonnance de concession de 1839 a implicitement rompu les rapports qui existaient antérieurement entre les abonnataires de la branche d'Orgon et l'OEuvre générale, sans tourner néanmoins au préjudice ni de l'OEuvre générale, ni de ces abonnataires eux-mêmes.

En effet, l'OEuvre générale a trouvé tout d'abord deux avantages dans ce changement de régime : 1° celui d'être complétement exonérée des frais d'entretien de la branche septentrionale, distraite de son bail; 2° celui d'acquérir le concours d'un contribuable nouveau, d'un contribuable important, à l'entretien de la prise et des ouvrages communs.

Quant aux abonnataires de la branche d'Orgon, qui doivent, aux termes de la loi, se trouver, vis-à-vis de la Compagnie concessionnaire, dans la position où ils étaient avant le contrat d'abonnement, vis-à-vis de l'État, ils réalisent le notable avantage de n'avoir plus à payer les impositions ordinaires et extraordinaires de l'OEuvre.

Dès lors, il est de la plus évidente équité que la Compagnie concessionnaire, cumulant vis-à-vis de l'OEuvre générale toutes les charges afférentes au contingent des eaux introduites dans la branche d'Orgon, doit recevoir désormais des abonnataires de cette branche (entrant pour neuf moulans un quart dans ce contingent) la redevance qui avait été précédemment abandonnée à l'OEuvre pour prix d'un entretien dont elle est affranchie.

C'est là non seulement ce que commande l'équité, ce que commande la raison, pour simplifier les rapports des deux branches, destinées désormais à s'administrer séparément, sans subordination ni interférence entre elles, mais encore il nous semble qu'en droit tous les précédents justifient cette solution.

Lorsque le gouvernement conçut la pensée d'abandonner la portion anciennement construite de la branche septentrionale à une compagnie, il s'adressa d'abord à l'OEuvre générale pour obtenir son acquiescement aux modifications que cette mesure allait apporter au régime créé par le contrat d'abonnement. L'OEuvre générale acquiesça à ces modifications, et, posant elle-même, dans ses délibérations du 6 novembre 1826 et du 20 septembre 1838, les bases d'un règlement ultérieur de rapports entre les deux branches, trancha dans les termes suivants la question qui nous occupe :

« L'OEuvre générale renonçant à tout droit sur les canaux de Mallemort et d'Orgon, ils seront
« reçus dans l'état où ils se trouvent, ainsi que les ouvrages d'art accessoires, sans recherche
« pour plus ou moins-value ; elle n'aura plus à supporter les contributions et autres charges
« quelconques de ces canaux, ni à participer à aucun de leurs bénéfices, et notamment au
« *restant prix des concessions faites sur le canal d'Orgon.* »

On voit, par ces mots, que la renonciation de l'OEuvre générale était beaucoup plus étendue que celle à laquelle l'ordonnance de concession l'a assujettie.

Mais, en présence de l'acquiescement formulé aux termes de ces délibérations, en présence de tous les actes alors intervenus, M. le ministre des travaux publics, soumettant au Conseil d'État le projet d'ordonnance de concession dans un rapport du 21 février 1839, exposa ce qui suit :

« L'administration n'a pas dû régler à l'avance les rapports entre l'OEuvre générale des Al-
« pines et le nouvel adjudicataire : la nature, comme l'étendue de ces rapports, dépend essen-
« tiellement du projet définitif qui sera adopté pour la nouvelle branche du canal, et notamment
« pour la prise d'eau à la Durance. Quelques bases d'arrangement ont été posées, il est vrai,
« par l'OEuvre générale, dans des délibérations, à la fin de 1826 et plus tard en 1838 ; mais, sans
« discuter ici le mérite de ces propositions, nous nous contenterons de remarquer qu'il faut avant
« tout que le projet des nouveaux ouvrages établisse d'une manière positive les points de con-
« tact entre les deux opérations. L'article 6 de l'ordonnance stipule que les arrangements qui
« pourraient devenir nécessaires par suite des projets approuvés pour la nouvelle entreprise
« seront, après une discussion contradictoire, réglés administrativement. »

Telle est la résolution à laquelle s'arrêtèrent l'administration et le Conseil d'État ; telle est celle que consacra l'article 6 de l'ordonnance.

Or., revenant à la situation spéciale dans laquelle doivent se trouver désormais les anciens abonnataires de la branche d'Orgon, nous disons que cette situation est en quelque sorte déterminée d'avance par les termes mêmes des délibérations de l'OEuvre.

La Compagnie concessionnaire de la branche d'Orgon reste chargée, suivant le texte de la loi., *de remplir tous les engagements de l'État vis-à-vis des abonnataires actuels,* ce qui veut dire, suivant l'explication plus ample donnée dans le cahier des charges qui était annexé à la loi : *chargé de conserver aux abonnataires la disposition du volume d'eau qu'ils ont acquis* SUR LE CANAL D'ORGON *pour l'arrosage de leurs terrains, et dont ils jouissent conformément aux titres qui établissent leurs droits à cet égard.* — Si donc la Compagnie est, vis-à-vis des abonnataires de la branche d'Orgon, dans la position où était l'État lui-même avant le contrat d'abonnement, ces abonnataires doivent être, vis-à-vis de la Compagnie, dans la situation où ils étaient eux-mêmes vis-à-vis de l'État, c'est-à-dire que c'est à la Compagnie qu'ils doivent payer la portion des arrérages qui avait été transportée temporairement par l'État à l'OEuvre générale, *arré-rages provenant du prix de leurs concessions, et spécialement affectés,* aux termes du décret du 22 juin 1811 , *aux frais d'administration et d'entretien du canal, au récurage annuel et aux travaux pour la mise annuelle des eaux.*

L'ordonnance de 1839 préjuge également la même conséquence lorsqu'elle dispose que le volume à dériver de la Durance pour le service de la branche septentrionale *est fixé à cinq mètres cubes, en sus des prises actuellement autorisées sur la partie déjà ouverte de ladite branche.* d'où il suit que le contingent total des eaux que la Compagnie est chargée de répartir, et à raison duquel elle devra payer définitivement sa quote-part d'entretien des ouvrages communs, comprend celui des abonnataires, qui, dès lors, doivent lui payer leur propre redevance, comme ils l'ont toujours payée à qui leur a fourni les eaux.

Pour qu'une autre solution fût possible, il faudrait enfreindre tous les principes qui précèdent et changer les bases du règlement posées par les décisions de M. le ministre. Si l'OEuvre généra'e continuait à recevoir les arrérages et contributions des abonnataires de la branche d'Orgon, ce serait elle qui serait responsable envers eux, comme elle l'est envers les abonnataires de la branche de Lamanon ; et, dans ce cas, la Compagnie, n'ayant que la chargé de cinq mètres cubes, n'aurait à contribuer aux frais d'entretien que dans la proportion de ce contingent, ce qui créerait la confusion et l'amalgame là où il importe d'isoler et de simplifier les positions.

Enfin, la renonciation même de l'OEuvre générale au *restant prix des concessions faites sur le canal d'Orgon* fut clairement formulée, sur la demande de l'administration supérieure, par une lettre du syndic général à M. le préfet des Bouches-du-Rhône, du 28 février 1838, comme suit :

« Les abonnataires ont entendu par cette clause que l'adjudicataire, demeurant chargé de
« l'entretien du canal d'Orgon et de faire jouir les concessionnaires sur cette branche des eaux
« qui leur reviennent, recevrait les rentes annuelles dues par ces derniers et aujourd'hui retirées
« par l'OEuvre générale comme représentant le prix de ces concessions. Ainsi, les rentes dues
« par les concessionnaires sur la branche de Lamanon resteraient au profit de l'œuvre générale
« pendant la durée de l'abonnement, et celles dues par les concessionnaires sur la branche d'Or-
» gon deviendraient la propriété de l'adjudicataire de cette dernière branche. »

Tel est le sens précis de la disposition réglementaire que nous croyons devoir nous-mêmes proposer ; mais nous craindrions d'être entrés sur ce point dans des développements superflus si nous n'avions eu l'intention de débattre ici une question de principe plutôt qu'une question d'intérêt. Il est à remarquer, en effet, que les redevances mentionnées ci-dessus représentent une valeur si minime, que nous regarderions cet appoint comme tout à fait insuffisant, si nous n'avions en vue qu'une répartition de frais. Ce que nous recherchons, c'est la détermination logique d'une situation désormais à l'abri de troubles et de conflits. Quant à l'avantage pécuniaire, nous reconnaissons qu'il sera surtout réservé, par cette solution, aux abonnataires de la branche d'Orgon, qui, déchargés par la Compagnie des frais supplémentaires qu'ils payaient comme membres de l'OEuvre, auront tout à gagner à reprendre, vis-à-vis de la Compagnie, la position pure et simple qu'ils avaient autrefois vis-à-vis de l'Etat.

DISPOSITIF DU PROJET DE RÈGLEMENT.

ARTICLE PREMIER.

La dotation légale du canal des Alpines reste fixée, comme par le passé, à 60 moulans de 265 litres 65 centilitres à dériver de la Durance, à l'étiage, par la prise de Mallemort (15 mètres cubes 93 centimètres par seconde).

Aucune concession supplémentaire ne pourra, à l'avenir, être desservie par cette prise sans qu'il ait été préalablement pourvu à l'élargissement des ouvrages régulateurs et de la section des troncs alimentaires.

ART. 2.

La dotation de 60 moulans sera répartie au bassin de partage du pont Donneau comme suit :
La branche méridionale recevra 31 moulans 17/24 ($8^{mc}.42$ par seconde).
La branche septentrionale recevra 28 moulans 7/24 ($7^{mc}.51$).

Pour assurer cette répartition, une échelle hydraulique sera placée sur un des profils réguliers de chaque branche, à 20 mètres au moins en aval du pont Donneau, dont le point zéro, servant de repère, sera fixé par les ingénieurs, pour indiquer sur chaque branche, en temps d'étiage, la hauteur réglementaire de la tenue des eaux ; s'il y a lieu, en outre, il sera pratiqué, sur leurs indications, tels changements qui seraient reconnus nécessaires dans la disposition des lieux.

Mais, quelle que soit la quantité introduite au bassin de partage, suivant l'état variable de la Durance, cette quantité sera toujours répartie entre les branches, sans préférence entre elles, dans la proportion de leur contingent respectif.

Dans ce but, il est réservé que, soit pour augmenter le volume général des eaux à introduire dans le tronc commun, à l'effet d'assurer toujours aux deux branches leur dotation légale, soit pour racheter l'insuffisance de section des martellières alimentaires de l'une ou de l'autre branche, les radiers des martellières et du plafond pourront être abaissés, partout où besoin sera.

4

Art. 3.

Les ouvrages de la prise et du tronc commun seront entretenus et régis en commun par l'OEuvre générale et par la Compagnie.

Les martellières de tête seront manœuvrées par un préposé désigné par les deux parties, suivant les formes indiquées ci-après.

L'attribution essentielle de ce préposé sera de régler le débit de la prise et du tronc commun de manière à assurer constamment et également aux deux branches le contingent auquel elles ont droit.

Celles des martellières du pont Donneau qui alimentent la branche méridionale seront manœuvrées par les soins et sous la responsabilité de l'OEuvre générale.

Celles qui alimentent la branche septentrionale seront manœuvrées par les soins et sous la responsabilité de la Compagnie concessionnaire.

La répartition des eaux aura lieu ensuite entre les prises particulières, savoir :

Sur la branche méridionale, par les soins et sous la responsabilité de l'OEuvre générale, seule en possession des clefs des martellières de cette branche ;

Et sur la branche septentrionale, par les soins et sous la responsabilité de la Compagnie, seule en possession des clefs des martellières de cette branche,

Sans préjudice des droits résultant des titres d'autorisation de chaque prise pour déterminer sur chaque branche, en cas d'insuffisance d'eau, l'ordre de jouissance des prises entre elles.

Art. 4.

Tous les barrages ou ouvrages quelconques qui auraient pour effet d'altérer la régularité des sections et des pentes déterminées par les projets approuvés, tout obstacle au débit normal des eaux, tel qu'il est fixé par les projets, tant sur le tronc commun que sur toutes les autres parties du canal, notamment le massif en maçonnerie qui ferme une des martellières de la prise , les deux piliers des martellières Saint-Joseph, le barrage de la Baronnerie, etc., seront immédiatement supprimés.

Art. 5.

Toutes les prises particulières créées pour le service des anciens abonnataires auront leurs seuils arasés au niveau du plafond normal du canal, suivant les lignes de pente déterminées par les projets approuvés, et la crête de leurs vannes arasée au niveau de la ligne de flottaison, conformément aux profils réglementaires adoptés pour chaque section.

Le débit des eaux introduites devant toujours être assuré par voie de répartition entre les diverses prises, tous les fossés de dérivation à l'usage des anciens abonnataires devront être tenus en état d'écouler, d'une manière permanente, en contrebas du seuil de chaque prise, un volume toujours égal au maximum de leurs jouissances.

Art. 6.

Pour assurer constamment à ces anciens abonnataires le volume d'eau déterminé par leurs titres, leurs prises seront calibrées, par les soins de l'OEuvre générale, sur la branche méridionale, et, par les soins de la Compagnie concessionnaire, sur la branche septentrionale, au moyen d'ouvrages régulateurs en maçonnerie.

En cas de contestation sur le calibrage, la détermination en sera faite par les ingénieurs, sur la demande des parties et contradictoirement entre elles.

Art. 7.

Les frais d'entretien de la prise en Durance et de tous les ouvrages communs de Mallemort au pont Donneau seront à la charge commune de l'OEuvre générale et de la Compagnie, dans la proportion du volume d'eau dérivé par leurs branches respectives.

Les frais d'entretien de la branche méridionale seront exclusivement à la charge de l'OEuvre générale, continuant à jouir sur cette branche de tous les droits résultant de son contrat d'abonnement.

Les frais d'entretien de la branche septentrionale seront exclusivement à la charge de la Compagnie concessionnaire.

Les anciens abonnataires de cette branche devront être desservis par la Compagnie, comme ils l'étaient autrefois par l'Etat, et, cessant de faire partie de l'OEuvre générale, paieront à la Compagnie, comme leur part contributive dans les frais d'entretien dont l'OEuvre générale se trouve exonérée, les redevances annuelles qu'ils payaient autrefois à l'Etat, puis à l'OEuvre générale, en représentation du solde restant dû sur le prix de leurs concessions.

Art. 8.

Pour pourvoir aux frais d'entretien, de conservation et d'amélioration, à faire dans l'intérêt commun, le syndic général de l'OEuvre et le directeur de la Compagnie, ou leurs représentants, se réuniront au moins une fois chaque année, le 1er septembre, à midi, à la mairie d'Orgon.

Ils dresseront ensemble, pour chaque exercice, le budget des dépenses communes, et conviendront du mode suivant lequel les dépenses devront être exécutées et ordonnées ; ils désigneront les agents chargés d'un service quelconque dans l'intérêt commun, notamment le préposé dont il est parlé à l'article 3 ci-dessus et le receveur chargé d'opérer le recouvrement de la part respective de chaque association dans la somme des dépenses.

S'il y a accord entre eux, leurs résolutions, consignées sur un procès-verbal signé par eux, seront soumises à l'approbation de M. le préfet des Bouches-du-Rhône, pour être rendues exécutoires.

S'il y a désaccord ou abstention de l'une ou l'autre des parties, elles seront admises, dans le délai de quinze jours après la date de la réunion mentionnée ci-dessus, à soumettre respectivement leurs propositions à l'administration, qui, dans ce cas, statuera d'office.

Dans tous les cas, les dépenses résultant des résolutions adoptées seront recouvrées sur l'une et l'autre association, comme en matière de contribution directe, avec privilége de droit sur les revenus de chaque branche.

II. BRANCHE D'ORGON.

Nos observations sur la branche d'Orgon seront de peu d'importance, après l'exposé des faits que nous avons présenté à l'appui de nos propositions de règlement entre la branche méridionale et la branche septentrionale du canal des Alpines.

Cependant il est une remarque générale que nous ne saurions omettre, parcequ'elle se lie aux conditions mêmes d'une bonne organisation de l'entreprise, et qui vient confirmer l'utilité d'une des dispositions que, dans notre projet de règlement, nous n'avons pas suffisamment motivée.

Il est de principe qu'un canal doit toujours être en état d'écouler jusqu'à son embouchure la totalité des eaux qu'il est destiné à recevoir à sa prise, de telle sorte que leur répartition puisse en tout temps s'opérer en aval, entre ses diverses dérivations, dans des proportions qui ne soient jamais inférieures au volume destiné à être introduit en amont.

Or les premiers ingénieurs qui présidèrent à la construction du canal, pour conduire les eaux de Mallemort à Tarascon, avaient projeté ses dimensions jusqu'à son embouchure dans les mêmes proportions qu'à sa prise. En d'autres termes, le canal devait débiter, en aval du percé d'Orgon, où les travaux furent interrompus, le même volume qu'au pont Donneau. Mais, lorsque, par l'ordonnance de concession de 1839, une modification fondamentale a été apportée au projet primitif; lorsque le volume à débiter en aval du percé d'Orgon a été limité à 5 mètres cubes, tandis qu'il fallait introduire $7^m,46$ au pont Donneau, pour assurer supplémentairement le service des anciens abonnataires de cette branche, une disposition réglementaire devenait nécessaire pour garantir le débit permanent des $2^m,46$ formant la dotation spéciale de ces abonnataires, soit par les fossés de leurs prises particulières, soit par des déversoirs et des canaux de fuite, opérant en amont du percé d'Orgon la division et l'écoulement régulier de cette partie du contingent.

Nous ne voyons pourtant aucune trace de dispositions quelconques adoptées dans ce sens, et il semble que l'OEuvre générale, qui a si long-temps présidé à la distribution des eaux, du consentement même de l'ancienne compagnie, ne se soit jamais rendu compte de cette première nécessité. Aussi, le jour où nous sommes entrés en jouissance de la portion anciennement exécutée entre le pont Donneau et la sortie du percé d'Orgon, avons-nous trouvé tous les déversoirs de surface complétement fermés, la plupart des martellières de décharge aboutissant à la Durance hors d'état de service, tous les canaux de fuite rétrécis, et, pour combler l'évidence du désordre, avons-nous dû, le jour même de notre entrée en jouissance, commencer par réparer une brèche que venait d'ouvrir, en face du village d'Orgon, une surélévation accidentelle des eaux au-dessus des berges du canal. La cause immédiate de cet accident avait été la fermeture imprévue d'une des prises particulières de la partie supérieure, dont le maniement avait été laissé à la disposition arbitraire des usagers, au moment même où l'état de dégradation du percé d'Orgon rendait plus nécessaire que jamais, sur ce parcours, le service permanent de tous les moyens de décharge.

C'était une démonstration frappante des graves conséquences susceptibles de résulter d'un tel état de choses, et nous en avons immédiatement induit la nécessité de concentrer désormais entre nos mains toutes les clés des martellières, pour que le régime des eaux, s'il est placé sous notre responsabilité, ne puisse jamais subir de changement sans notre participation.

Et en même temps nous nous sommes hâtés de rétablir les anciens déversoirs, surtout les déversoirs de surface des martellières de Charles, du Port-Vieux et de la Glacière à Orgon, dont nous avons même l'intention d'augmenter le nombre et la portée. Puis, pour régler en principe l'écoulement permanent de toutes les eaux qui doivent désormais alimenter le canal, nous avons reconnu l'urgence des trois dispositions suivantes :

1° Arasement du seuil de toutes les prises particulières au niveau du plafond réglementaire du canal, et entretien permanent des fossés à la suite en état d'écouler en contre-bas du seuil de chaque prise un volume toujours égal au maximum de leur débit;

2° Arasement des vannes de chaque martellière au niveau de la surface réglementaire des eaux sur chaque section du canal ;

3° Fonctionnement régulier et restauration complète des divers déversoirs de fond et de surface, notamment des déversoirs de Charles, du Port-Vieux et de la Glacière, en amont du percé d'Orgon.

Ces dispositions combinées préviendront tout danger, dans toute hypothèse possible, en l'absence même de tous agents. Une obstruction accidentelle du canal ou la fermeture imprévue de telle ou telle martellière n'auraient d'autre effet que de faire fuir les eaux par les déversoirs de surface ; et ce sont là, ce nous semble, les véritables conditions d'un canal bien réglé.

Au reste ces améliorations sur la portion des travaux anciennement exécutés par la province, dont la construction primitive ne laissait pour ainsi dire rien à désirer, ne sont que des mesures d'entretien destinées à se compléter chaque année, en raison des développements progressifs des besoins. La compagnie, sans vouloir ajourner aucune de ces améliorations, ne croit être tenue sur ce point qu'aux conditions du droit commun en matière d'entretien de canaux existants.

Elle s'impose néanmoins, avec le même empressement, la charge des réparations qu'exigent plusieurs ouvrages d'art, celle des élargissements qu'exigent quelques profils de la cuvette, conformément aux types annexés aux projets. En un mot, toutes les dispositions nécessaires pour la restauration complète de la branche d'Orgon seront, en temps utile, régulièrement exécutées.

Après ces observations générales, nous allons aborder quelques points de détail.

1° *Prise et barrage de la Baronnerie.*

Il ne nous suffit pas d'avoir constaté l'absolue nécessité de supprimer le barrage de la Baronnerie; il nous importe de prouver que cette suppression, abaissant de 0^m,69 la retenue actuelle, ne peut causer, dans l'application de nos projets, aucune espèce de préjudice au propriétaire des arrosages primitivement concédés et du moulin qu'alimente aujourd'hui cette prise.

Le plafond du canal, en effet, tel que nous le laissons subsister, restera légèrement en contre-haut de l'ancien seuil de la prise ; et, comme le seuil de la prise est lui-même en contre-haut de l'ancien plafond de la dérivation qui y fait suite, les eaux s'y débiteront avec la plus grande facilité, dans des proportions susceptibles, comme aujourd'hui, d'excéder celle des jouissances consacrées par les titres.

Il existera, sur le plafond du contre-fossé qui longe le canal sur une longueur de 350 mètres, et qui porte les eaux de la prise au fossé proprement dit de la Baronnerie, une pente de 0,0019 par mètre, sans aucun changement à apporter aux ouvrages existants.

Une seule chose sera nécessaire, le repurgement du contre-fossé, dont le plafond, envasé par l'effet du barrage, est sur quelques points en contre-haut du seuil de la prise ; mais, l'ancienne pente y étant rétablie, conformément aux obligations résultant du titre primitif de concession, il ne sera nullement nécessaire d'abaisser le niveau des ouvrages régulateurs de la dérivation proprement dite au point où elle reçoit les eaux du contre-fossé, à 350 mètres de la prise.

Par surcroît de ménagement pour les intérêts et les droits de cette concession, nous nous proposons de changer de place la chute en maçonnerie qui, sur le canal, est actuellement attenante au barrage. Nous la transporterons à 200 mètres en aval, afin que l'action de cette chute ne réduise pas à l'avenir, d'une manière sensible, vers l'orifice de la prise, l'épaisseur de la tranche d'eau.

Il est certain que, dans ces conditions, la suppression du barrage de la Baronnerie, indispensable pour assurer l'alimentation du canal, sera sans inconvénient pour la prise elle-même.

Nous ajouterons, en passant, qu'à environ 3,400 mètres en aval du barrage a été construit un pont en bois pour l'usage du domaine de la Baronnerie, lequel n'a qu'une seule ouverture de 2 mètres qui, à 1^m,50 de hauteur d'eau, avec l'énorme pente de 0^m,0018, ne permet qu'un débit de 5^m,40, insuffisant pour les besoins du canal.

Il est évident que ce pont, dont l'établissement a été toléré par des raisons qu'on ne saurait s'expliquer, ne peut subsister plus long-temps et justifie l'application de la disposition générale que nous avons présentée pour la suppression immédiate de tous les ouvrages formant obstacle au débit réglementaire des eaux.

2° *Prises et barrage des arrosants de Sénas.*

A 6,400 mètres environ du pont Donneau, entre les piquets 31 et 32, un barrage semblable à celui de la Baronnerie a été établi pour le service des prises des arrosants de Sénas.

Appliquant la même mesure, nous supprimons ce barrage sur 0^m,366 de hauteur et nous transportons à 62 mètres en aval la chute formée sur ce point, dans le double but de rendre moins sensible, à l'orifice de la prise, la réduction de la tranche d'eau, et de diminuer la corrosion qui résulte en aval d'une pente trop forte.

3° *Prise et barrage de l'usine King.*

Au piquet 48 nous supprimons pareillement, sur 0^m,405 de hauteur, la partie du barrage

King qui altère d'une manière non moins notable les dispositions normales du canal. Dans ses conditions actuelles, cette prise comporte un débit de plus de 3 mètres cubes par seconde. Elle a droit à 0m,46, soit 1 moulan et 3/4.

4° *Réparations au percé d'Orgon.*

Le percé d'Orgon est l'ouvrage le plus important du canal des Alpines. Les états de Provence, qui l'ont originairement exécuté, y avaient dépensé une somme de 852,000 fr., excédant de beaucoup, suivant les appréciations des ingénieurs qui ont plus récemment examiné ce travail, ce qui eût été réellement nécessaire pour conduire, par tout autre moyen, les eaux de la prise de Mallemort à un point même supérieur à celui où elles sont maintenues au delà de la commune d'Orgon.

Outre l'énormité de ces premiers frais d'établissement, un autre inconvénient de cette construction est la charge permanente de son entretien, que rend coûteux et difficile la nature du rocher traversé et la présence de couches argileuses qui, sur plusieurs points, en compromettent la solidité.

Lorsque le gouvernement, aux droits de la province, accepta, par voie d'abonnement, les conditions auxquelles les anciens usagers ou concessionnaires des eaux du canal des Alpines proposèrent de se charger de l'entretien de ce canal, une exception fut introduite dans le cahier des charges qui leur fut imposé. Cette exception est relative à l'entretien du percé d'Orgon, que les abonnataires ne voulurent point avoir à leur charge, et que le gouvernement fut obligé de garder à la sienne, ainsi que le soin éventuel de rétablir les parties de la branche d'Orgon susceptibles d'être emportées par la Durance. Mais, de même que les abonnataires avaient décliné cette charge, de même le gouvernement, après l'acte d'abonnement, ne cessa de se préoccuper du soin de s'en exonérer.

Cette préoccupation, jointe aux considérations d'intérêt général, qui, sans doute, étaient plus puissantes encore pour déterminer l'administration à pourvoir à l'achèvement du canal au delà du percé d'Orgon ; cette préoccupation fut une des causes de l'abandon, réputé gratuit, qui fut fait, aux termes de la loi de concession du 7 juin 1826, de la portion anciennement exécutée depuis le pont Donneau jusque après la sortie du percé d'Orgon, avec tous les terrains et bâtiments qui en dépendent, en faveur de l'adjudicataire de l'entreprise d'achèvement.

Le gouvernement, en effet, en transportant sans aucune réserve à l'adjudicataire cette branche entière du canal, y compris le percé, lui transportait implicitement la charge d'entretien de cet ouvrage, comme de tous ceux de la branche même ; mais cette charge d'entretien n'était toutefois qu'implicite et ne pouvait résulter que de l'application du droit commun, qui subordonne la charge d'entretien au bénéfice de la jouissance. Il n'est aucune disposition de la loi et de l'ordonnance de concession qui parle de cette charge d'entretien comme d'une condition de l'adjudication, de sorte qu'elle n'a pu incomber à l'adjudicataire que par voie d'induction et comme conséquence de la jouissance de la branche tout entière dont cet ouvrage fait partie ; de sorte aussi que, si nous n'étions pas appelés à jouir définitivement et complétement de la branche d'Orgon, dont la propriété nous a été abandonnée, aux termes de la loi, *avec tous les terrains et bâtiments qui en dépendent,* nous nous croirions exonérés par cela même de l'entretien de cette branche et de tous ses ouvrages, y compris le percé.

Nous ne formulons nullement ces réserves pour nous soustraire à une charge que nous avons, au contraire, formellement acceptée comme conséquence de notre entrée en jouissance de cette portion du canal ; mais, tant que les rapports entre la Compagnie et l'OEuvre générale ne sont point définitivement réglés, nous craindrions de compromettre les intérêts de notre concession si nous n'énoncions le motif, la condition expresse, de cette acceptation.

La preuve de notre droit à cet égard se déduit des termes mêmes des procès-verbaux de mise en possession de la première Compagnie concessionnaire en date du 18 et du 30 décembre 1841. La Compagnie protestait à cette époque contre l'obligation que l'État voulait lui imposer de payer certaines réparations faites au percé d'Orgon. L'État, considérant cette charge comme une condition même de la jouissance de cette portion du canal attribuée à la Compagnie, la força à entrer en jouissance pour la forcer à payer ces réparations, et la Compagnie les paya le jour même et comme conséquence de sa prise de possession.

Depuis cette époque, en 1846, la Compagnie anglaise a payé, entre autres sommes, 18,000 fr. pour réparations au percé d'Orgon.

Depuis, en 1851 et 1852, la Compagnie étant en déchéance, une dépense de 11,500 fr. a été faite pour le même objet sur les fonds de l'État.

Nous-mêmes, enfin, nous ne cessons, depuis que nous sommes entrés en jouissance de cette partie du canal, d'apporter aux travaux du percé d'Orgon, comme à tous les ouvrages de cette branche, des réparations s'élevant à des sommes plus considérables encore, ainsi qu'on en trouvera facilement la preuve dans le projet de détail que nous présentons ici.

La tête amont du rocher sous lequel est creusé le passage du canal, reposant sur les couches d'argile dont nous parlions ci-dessus, produit un affaissement si considérable des parois du canal sur ce point, que sa cuvette resserrée entre les deux versants de la montagne est obstruée par la poussée incessante des terres latérales. C'est en vain que plusieurs rangs de murailles épaisses ont été élevés depuis long-temps vers l'entrée du souterrain et que des murailles plus récentes ont été construites pour former le lit même du canal : rien n'a pu résister, et nous avons pris le parti d'y substituer un blindage en maçonnerie de forme circulaire ayant 5 mètres de diamètre intérieur, qui, surchargé de déblais, aura dans tous les sens une puissance égale pour résister à l'action des poussées. Nous aurions pu adopter tout autre système de voûte, soit sous forme ovoïde, soit selon le type de celle que nous construisons à la tranchée d'Aclas, en aval du percé, si nous n'avions voulu atteindre avant tout le but, qui consiste à opposer à l'action des terres qui se soulèvent par dessous, comme à celles qui glissent par côté, une résistance de nature à former partout équilibre. C'est pourquoi, outre la charge des déblais dont nous surmontons la voûte, nous élevons jusqu'au toit de la galerie dans le roc des piliers faisant corps avec le massif des maçonneries, afin de prévenir que cet énorme massif ne soit lui-même soulevé.

Les plans et profils de notre projet donneront mieux l'idée de ce travail que les explications

plus étendues que nous pourrions fournir ici. Nous nous bornerons à dire que la pente ménagée sous la voûte et prolongée, tant en amont qu'en aval, sur 75 mètres, étant de 0,^{m}003 par
mètre, le débit possible sur ce point sera, avec une hauteur d'eau de 1^m.50, de 13^{mc}.33 par
seconde, ainsi qu'on peut le reconnaître par l'application de la formule de Prony. Nous nous
proposons d'établir le blindage sur une longueur de 17 mètres, avec une épaisseur de voûte de
0^m.70, non compris celle des radiers. Mais nous nous réservons de réduire ou d'augmenter
cette longueur, et, relativement à l'ensemble de ce travail, de pratiquer, en cours d'exécution,
tout changement susceptible d'être commandé par les circonstances. Heureusement jusqu'ici le
travail, entrepris d'urgence, au milieu des difficultés les plus sérieuses, s'est accompli avec un
succès qui a dépassé notre attente.

III. BRANCHE DE SAINT-RÉMY.

Les travaux anciennement entrepris par les États de Provence avaient été conduits jusqu'à
l'entrée de la tranchée d'Aclas, à 765 mètres en aval du percé d'Orgon ; mais à 347^m.70 du
percé, la province avait construit, pour le service des plus anciens usagers de la branche d'Orgon, une prise destinée à diriger les eaux du grand canal sur le territoire de Saint-Andiol.

Pendant tout le temps qui s'est écoulé depuis l'abandon des travaux par la province jusqu'à
leur reprise par la Compagnie générale de desséchement, l'excédant des eaux introduites dans
la branche d'Orgon avait son écoulement par les martellières de la prise de Saint-Andiol.

C'est donc là en quelque sorte le point où finissait la partie utile des anciens travaux ; c'est
là que la Compagnie générale de desséchement fixa le point de départ des siens, en construisant
à travers le canal les martellières Saint-Véran, contiguës et perpendiculaires à celles de Saint-
Andiol ; c'est là enfin que fut fixé en même temps le point de départ de la branche de Saint-
Rémy, conduisant les eaux vers Tarascon.

Quand on considère aujourd'hui l'état général dans lequel les travaux faits pour le compte de
cette Compagnie ont été laissés sur cette branche, on se demande comment a été possible un
tel degré d'imperfection, d'incohérence et de désordre. On dirait que tout a été entrepris au
hasard par des manœuvres travaillant sans plan et sans niveau. Entre le point de départ de
cette branche, aux martellières Saint-Véran, jusqu'au bassin de partage de Saint-Rémy, où
elle se subdivise entre les dérivations d'Eyragues et de Saint-Gabriel, la pente totale, inéga-
lement répartie, sans égard pour les dimensions de la cuvette, est insuffisante pour le débit
réglementaire prévu par les projets. Dans les conditions actuelles, le seul débit possible sur les
points principaux ne représente pas le tiers de celui nécessaire pour répondre aux besoins de
la concession. Les pentes sont non seulement irrégulières et sans rapport avec les sections
réglementaires, mais encore, dans les parties les plus difficiles, elles sont en sens inverse du
cours des eaux. Les profils en travers font ressortir presque partout l'insuffisance des talus.
Les travaux d'art ne sont que des maçonneries informes, dont l'exécution est pour ainsi dire
toute à refaire et les dimensions à changer. Le creusement du plafond et la hauteur des ban-

quettes ne répondent pas davantage aux sections projetées. En un mot, c'est un canal à remanier complétement, qui, indépendamment de ses vices d'ensemble, appelle, surtout sur certains points particuliers, des réparations importantes.

Prenant trop au sérieux notre tâche pour vouloir rien dissimuler de ces imperfections, notre premier soin a été de régulariser les pentes et les sections dans la proportion du débit.

Les pentes, à partir du seuil des martellières Saint-Véran, devaient être de 0^m.0005 par mètre sur toute cette branche, à l'exception du passage de la tranchée d'Aclas, d'environ 1,200 mètres de longueur et de celui de la tranchée d'Eygalières d'environ 800 mètres, où elles devaient être de 0^m.001. La différence totale de niveau entre le seuil des martellières Saint-Véran à Orgon et celui du bassin de partage de Saint-Rémy devait être dès lors de 9^m.700 sur 17,390^m.90 de longueur : elle n'est que de 8^m.996, et les irrégularités constatées par cet état de choses sont exprimées par le tableau suivant :

TABLEAU DES PENTES.

DÉSIGNATION DES PARTIES.	LONGUEURS entre les parties.	PENTES		ABAISSEMENTS		COTES DE HAUTEUR	
		qu'on devait observer.	qu'on a observées.	qu'on devait pratiquer.	qu'on a pratiqués.	qu'on devrait avoir.	qu'on a.
Piq. 0.—Seuil des martellières Saint-Véran	0.00	. . . . .	. . . . .	. . . . .	. . . . .	. . . .	80.615
Piq. 5.—Tranchée d'Aclas au pont des Crottes.	442.70	0.0005	contre-pente	0.221	. . . . .	80.394	81.223
Piq. 17.—Fin de la tranchée d'Aclas	1209.60	0.0010	0.000837	1.210	1.012	79.184	80.211
Piq. 111.—Commencement de la tranchée d'Eygalières. .	9400.00	0.0005	0.000430	4.700	4.040	74.484	76.171
Piq. 119.—Fin de la tranchée d'Eygalières.	800.00	0.0010	0.001260	0.800	1.008	73.684	75.163
Piq. 174.—Bassin de partage de Saint-Rémy.	5538.60	0.0005	0.060530	2.769	2.936	70.915	72.227
Totaux	17390.90	. . . . .	. . . . .	9.700	8.996	. . . . .	. . . . .

Pour corriger cette imperfection radicale, rendue particulièrement sensible vers la tranchée d'Aclas, où le sol resterait à creuser profondément dans le roc et les talus à rétablir de la base au sommet, nous avons cru indispensable de chercher la pente qui nous manquait là où nous pouvions la trouver surabondante. Or, les anciens travaux de la province ayant été construits en vue d'un débit plus considérable que celui de notre concession actuelle, et présentant en amont, entre le seuil des martellières Saint-Veran et celui des martellières de Charles, sur une longueur de 2,647^m.70, une pente combinée avec une section susceptible de nous permettre d'y emprunter un excédant, nous avons pu sans inconvénient relever de 0.73 le seuil des martellières Saint-Véran, ce qui nous a permis, d'une part, de conserver une pente et un débit suffisant en amont des martellières Saint-Véran jusqu'aux martellières de Charles sur la branche d'Orgon, et particulièrement au passage du percé, et de gagner assez de pente pour obtenir aussi très largement notre débit en aval des martellières Saint-Véran, particulièrement au passage de la tranchée d'Aclas, convenablement réparée, conformément aux profils et au tableau des pentes annexés aux projets.

Les pentes ainsi modifiées, nous avons ensuite étudié en détail les principaux ouvrages à rétablir sur cette branche, et nous nous sommes empressés de faire exécuter nos travaux, conformément aux indications ci-après.

1° *Martellières Saint-Véran.*

Dans leurs conditions actuelles, les martellières Saint-Véran présentent seulement trois ouvertures de 1 mètre de largeur moyenne, qui, avec l'intervertissement de pente qui existe en aval, ne sont pas même susceptibles de débiter 2 mètres cubes par seconde à une hauteur de 1^m.50 d'eau au dessus de leur seuil.

Si nous supposons même que les réparations nécessaires sur ce point à la cuvette du canal soient exécutées, et qu'une pente régulière de 0^m.0004 par mètre soit établie entre le percé d'Orgon et la tranchée d'Aclas, conformément à nos projets, ces martellières ne donneraient encore, à 1^m.50 de hauteur d'eau au dessus du nouveau plafond, que 2^m.745. Il est donc indispensable de les élargir pour assurer le débit des eaux concédées.

Nous exécutons, dès à présent, ce travail d'élargissement, en pratiquant deux ouvertures nouvelles de 1^m.30 chacune, à côté des anciennes. Ces deux ouvertures, ajoutant au débit ci-dessus un volume de 2^m.730, compléteront un volume total de 5^m.475.

2° *Tranchée d'Aclas.*

La tranchée d'Aclas est en partie dans le rocher, en partie dans l'argile, en partie dans la terre végétale ; mais là où les couches inférieures sont creusées dans le rocher ou dans l'argile, les couches supérieures sont généralement en terre.

Du pont des Crottes, situé à l'entrée de la tranchée, jusqu'à la route impériale n° 7, sur une longueur de 635 mètres, nous avons trouvé les berges taillées, pour ainsi dire, à pic dans la terre végétale, ou du moins n'ayant pour se soutenir que l'inclinaison suivante :

Profil n° 6. Talus à 0^{m}63 de base pour 1^m de hauteur.
Id.   7.   0^{m}72   *id.*
Id.   8.   0^{m}74   *id.*
Id.   9.   0^{m}61   *id.*
Id. 10.   0^{m}45   *id.*
Id. 11.   0^{m}86   *id.*

De la route impériale n° 7 au piquet n° 17, sur une longueur de 565 mètres, les berges sont encore en terre végétale sur la moitié au moins de leur hauteur ; elles sont de composition argileuse et donnent passage à des sources d'eau vive, dans leurs couches inférieures. Nous avons constaté dans cette partie l'inclinaison des talus comme suit :

Profil n° 12. Talus à 0^{m}94 de base pour 1^m de hauteur.
    Id. 13.   1^{m}10   *id.*
    Id. 14.   0^{m}87   *id.*
    Id. 15.   1^{m}09   *id.*
    Id. 16.   1^{m}30   *id.*
    Id. 17.   1^{m}41   *id.*

Il est certain que ces talus, même dans la partie la plus compacte des terres, sont généralement insuffisants, et que, pour soutenir solidement les berges, il convient de les reprendre sur tous les points, en adoptant pour minimum l'inclinaison de 1 de base sur 1 de hauteur, ce qui entraîne le recoupement des anciens cavaliers, et représente sur les points principaux un mouvement de terre d'au moins 12 à 13 mètres cubes par mètre courant.

3° *Voûte d'Aclas.*

En divers endroits de la tranchée, malgré le recoupement général des talus que nous avons effectué, nous avons cru indispensable de consolider les berges par des murs de soutènement ou au moins par des perrés.

Mais il est surtout un point digne de fixer l'attention : c'est celui où la Compagnie anglaise, pour obvier à l'insuffisance des travaux de la Compagnie générale de desséchement, a entrepris la construction d'une voûte désignée sous le nom de *voûte d'Aclas*, qui, n'ayant été établie que sur 75 mètres de longueur, réclame encore d'une manière urgente un prolongement d'environ 50 mètres.

Telle que nous l'avons trouvée, à 260^m.60 en aval du pont des Crottes, la *voûte d'Aclas* présente 2^m.50 d'ouverture avec des piédroits de 1^m.50 de hauteur, surmontés d'un plein cintre. Son débit actuel, avec cette section et avec la pente de 0^m.000325 par mètre, donnée par la différence de niveau entre le plafond creusé jusqu'au rocher sous le pont des Crottes, et celui fixé par un ancien piquet en chêne à la sortie de la tranchée, sur un parcours de 1,209^m.60, son débit actuel, disons-nous, n'est, avec 1^m.50 d'eau, que de 2^{mc}.925.

Pour augmenter ce débit, indépendamment du recoupement des berges que nous exécutons sur toute la longueur de la tranchée, nous creusons sous la voûte le plafond du canal sur une ligne de pente nouvelle que nous portons à 0^m.00125 par mètre. Avec cette pente et avec la même section, le tunnel pourra débiter, à la même hauteur d'eau, plus de 5 mètres cubes par seconde; et nous n'hésitons pas, dès lors, à prolonger la voûte dans les mêmes dimensions sur environ 50 mètres en amont, en le faisant en outre précéder de murs de soutènement ou de perrés sur environ 40 mètres.

4° *Terrassements entre la tranchée d'Aclas et la tranchée d'Eygalières.*

Cette partie des travaux, sur une longueur de 6,200 mètres, a été laissée inachevée comme le reste. La hauteur des berges n'a point été portée généralement à la hauteur projetée ; mais, outre les réparations essentielles que nous réalisons dès à présent sur ce parcours, nous nous proposons chaque année de conforter et de relever, s'il y a lieu, les berges au moyen des dépôts annuels que laissent dans le lit du canal les eaux de la Durance. Il est certain que ce travail d'amélioration se trouvera complétement achevé avant même que le maximum des eaux concédées puisse être débité pour les besoins de la contrée.

5° *Tranchée d'Eygalières.*

La tranchée d'Eygalières n'a été pareillement qu'ébauchée par les premières compagnies. La nature du sol, consistant généralement en gravier et en sable, avait nécessairement exigé des talus d'une plus grande inclinaison que ceux de la tranchée d'Aclas.

Les terrassements nécessaires pour la rectification complète de cette tranchée représentent une dépense à peu près égale à celle de la tranchée d'Aclas, quoiqu'elle n'ait que 800 mètres de longueur. Nous portons l'inclinaison des talus, suivant les accidents et la nature du terrain, quelquefois à 1 1/2 de base pour 1 de hauteur, le plus souvent à 1 1/4 pour 1, jamais au dessous de 1 pour 1.

6° *Terrassements entre la tranchée d'Eygalières et le bassin de partage de Saint-Rémy.*

L'observation que nous présentions ci-dessus pour la partie des terrassements comprise entre les deux grandes tranchées s'applique également à la partie qui, faisant suite à la tranchée d'Eygalières sur 3,600 mètres de longueur, termine la branche au bassin de partage de Saint-Rémy.

Nonobstant les rectifications que nous avons déjà entreprises pour donner au canal, sur ce parcours, une cuvette régulière, les banquettes manquent, il est vrai, en général, de la hauteur qui avait été primitivement déterminée par les projets ; mais, cette hauteur étant de deux mètres, et la cuvette, telle qu'elle est, avec l'augmentation de pente que nous apportons sur ce point, comportant aisément un débit de 5 mètres cubes d'eau à une hauteur moindre de 1ᵐ.50, cette partie du canal peut, dès à présent, remplir sa destination. Nous ferons, en outre, observer que, le tassement des terres étant aujourd'hui complétement opéré, et les talus intérieurs, primitivement projetés à l'inclinaison de 1 1/2 sur 1, pouvant sans inconvénient être réduits par la suite à l'inclinaison de 1 sur 1, il sera toujours facile, au fur et à mesure des besoins, de pourvoir au relèvement des banquettes, et même, s'il y a lieu, à l'augmentation du débit.

7° *Ouvrages d'art.*

Presque tous les ponts et aqueducs exécutés par la Compagnie générale de desséchement sur la branche de Saint–Rémy, particulièrement dans les communes d'Orgon et d'Eygalières, exigent des remaniments. Les uns sont à exhausser, les autres à élargir, les autres à reprendre en sous-œuvre et à rejointoyer. Les ponts sur les routes impériales sont, pour ainsi dire, les seuls qui ne soient pas à modifier.

De toutes ces réparations, nous avons entrepris les plus urgentes, et nous nous hâterons de compléter tout ce qui jusqu'ici a pu rester inachevé.

On voit, en résumé, que, sur la branche d'Orgon à Saint-Rémy, les travaux de réparations que nous sommes obligés d'exécuter, et auxquels nous étions loin de nous attendre, constituent, sans compensation, un accroissement considérable des charges de notre entreprise.

IV. BRANCHE D'EYRAGUES.

I. *Perfectionnement des travaux antérieurement commencés, du bassin de partage de Saint-Rémy jusqu'au chemin des Plaines, et continuation des travaux du chemin des Plaines jusqu'au réal de Châteaurenard.*

Les cinq mètres cubes d'eau introduits au bassin de partage de Saint-Rémy se divisent sur ce point comme suit :

Trois mètres cubes vont alimenter la branche d'Eyragues, sur laquelle s'embranche, à 763 mètres de distance, la dérivation de Noves, qui en absorbe un mètre.

Les deux mètres restants sont destinés à la branche de Saint-Gabriel.

Dans la direction du midi au nord, la branche d'Eyragues suit le versant occidental de cette région montagneuse qu'on appelle *la Petite Crau.* Quittant la chaîne des Alpines au bassin de partage, elle traverse d'abord un bas-fond, pour aller rejoindre la colline.

Trois chutes importantes sont créées sur ce point, à proximité de la route impériale n° 99, la première de $4^m,945$ de hauteur, la deuxième de $4^m,789$, et la troisième de $2^m,545$, qui, à raison d'un volume d'eau de 3 mètres cubes par seconde, représentent une puissance motrice considérable. Mais, nonobstant l'abaissement produit par ces trois chutes, il reste encore à franchir un passage d'une certaine profondeur pour atteindre le versant de la Petite Crau.

Dans les premiers projets, c'est au moyen d'un aqueduc en maçonnerie d'environ 300 mètres de longueur qu'on devait traverser ce bas-fond. Depuis, on a substitué à cet aqueduc un remblai, auquel on a donné une moindre hauteur. Il est résulté de cette altération des projets primitifs qu'à la suite du remblai, pour ne point déplacer l'axe du canal, il a fallu trancher les terres bien plus profondément, et c'est pourquoi la branche d'Eyragues, au lieu d'avoir été construite moitié en déblai et moitié en remblai, comme cela aurait dû être généralement pratiqué sur le flanc de la montagne, a été sur toute sa longueur, et spécialement dans le domaine de Lagoy, creusée et encaissée à une profondeur qui ne se justifie pas.

Elle traverse le territoire de Saint-Rémy sur . . . . 6,232 mètres de longueur.
        celui d'Eyragues sur 6,700
        et celui de Châteaurenard sur . . . . 2,854 jusqu'au réal.

              Ensemble . . . . . . 15,786 mètres de longueur.

D'après les projets de la dernière compagnie, le plafond du canal devait présenter une pente uniforme de 0.0003 par mètre. Le profil en travers, entre le bassin de partage et la prise de Noves, devait, pour un débit de 3 mètres cubes d'eau, avoir une largeur de 1^{m}50 au plafond, avec des talus, tant intérieurs qu'extérieurs, inclinés à 1 1|2 sur 1, et une hauteur de 1^{m}75 entre le plafond et le couronnement des banquettes, d'un mètre de largeur. Depuis la prise de Noves jusqu'à l'extrémité de la branche d'Eyragues, pour un débit de 2 mètres cubes d'eau, le plafond devait être réduit à 1 mètre de largeur, les autres proportions de la cuvette restant entièrement les mêmes.

Mais les irrégularités constatées dans la partie exécutée des travaux nous ont forcés de déroger sur plusieurs points à ces conditions générales, pour combiner les pentes avec les dispositions des profils en travers. On verra par notre *tableau des pentes et chutes*, et par nos *profils-types de la cuvette*, que ces modifications ont été calculées de manière à assurer, dans tous les cas, le débit réglementaire de 3 mètres cubes jusqu'à la prise de Noves, et de 2 mètres sur tout le reste du parcours.

Presque tous les travaux de la partie de la branche d'Eyragues qui s'étend du bassin de partage jusqu'au chemin des Plaines, sur 8,786 mètres de longueur, avaient été entrepris par la dernière compagnie, à l'exception de quelques tronçons rajustés par le syndicat provisoire pour rendre possible un commencement d'irrigation.

Quant aux travaux de la partie située au-delà de cette première section, ils n'avaient été attaqués que sur quelques points, où ils étaient restés si grossièrement ébauchés que nous avons dû, pour ainsi dire, considérer comme un travail entièrement neuf la continuation du canal depuis le chemin des Plaines jusqu'au réal de Châteaurenard, sur 7,000 mètres de longueur.

Aujourd'hui enfin, soit par les compléments d'ouvrages apportés à la première partie, soit par le prolongement du canal sur la seconde, nous pouvons dire que nous avons achevé complétement la branche d'Eyragues sur l'étendue totale de 15,786 mètres, sauf ce qui sera dit ci-après du débouché des eaux dans la Durance, par le Réal et l'Anguillon.

Une partie essentielle de notre tâche a été le rétablissement et la restauration de presque tous les ouvrages d'art. Ceux que l'ancienne compagnie avait construits du bassin de partage jusqu'au chemin des Plaines étaient restés debout, quoique nécessitant quelques réparations urgentes; mais, entre le chemin des Plaines et le rocher de Châteaurenard, la plupart, ayant été construits sans fondations et pour ainsi dire sans mortier, étaient complétement en ruines; presque tous les aqueducs étaient emportés, et ceux qui restaient se trouvaient généralement en si mauvais état qu'ils ne pouvaient être considérés que comme matériaux à pied d'œuvre.

Dans les réparations de ces ouvrages, nous avons suivi les types antérieurement adoptés, en augmentant, partout où nous l'avons cru nécessaire, le débouché des aqueducs, pour assurer complétement à l'avenir l'écoulement des eaux torrentielles.

En reconstruisant notamment le grand aqueduc détruit de Coudery, nous y avons ajouté un déversoir de surface de 2 mètres de largeur qui n'avait point été précédemment prévu. Nous avons, sur une certaine étendue des nouveaux terrassements, vu la nature résistante du sol en déblai, réduit l'inclinaison des talus à 1 sur 1. Quant aux matériaux employés pour les ouvrages d'art, nous les avons tirés des carrières de Saint-Rémy pour la pierre de taille et pour les dallages. Nous les avons tirés indifféremment, pour la maçonnerie ordinaire, des carrières de Saint-Rémy et de Châteaurenard.

II. *Fuite des eaux à la Durance par le réal de Châteaurenard.*

Le projet primitif de la branche d'Eyragues, approuvé, après enquête, par décision ministérielle du 18 mars 1842, faisait déboucher directement les eaux de cette branche dans le réal de Châteaurenard, vers le piquet 129, à la limite même de la commune d'Eyragues ; et l'étendue totale de la dérivation n'était ainsi que de 12,936 mètres de longueur.

Forts de cette décision, la seule qui soit intervenue de la part de l'administration supérieure, nous pourrions désirer aujourd'hui nous en tenir à ce moyen d'écoulement, sans accepter la charge des modifications postérieurement adoptées par la compagnie anglaise. Mais, voulant étendre autant que possible les irrigations et ne reculant devant aucun des sacrifices nécessaires pour atteindre ce but principal, nous n'avons point hésité à continuer les travaux sur 2,850 mètres au delà du point primitivement désigné pour la fuite des eaux. Seulement, en ce qui touche la partie extrême du tracé, considérant comme inutile le circuit proposé pour aller rejoindre le canal de décharge dit *la Foussière*, qui rend les eaux à la Durance, nous proposons un moyen plus simple de faire déboucher nos eaux au même point.

Notre moyen consiste à faire déverser la branche d'Eyragues dans le réal, en établissant dans ce cours d'eau une martellière de retenue qui ne laisse écouler en aval que la quantité qu'on désire, et qui, par l'effet naturel du remous produit en amont de cette martellière, fasse écouler le trop-plein par un déversoir débouchant dans la Foussière. En un mot, le lit même du réal serait le chemin adopté pour conduire à la Durance l'excédant non utilisé de nos eaux.

Voici, du reste, l'état des lieux :

Le réal de Châteaurenard est un fossé d'écoulement alimenté par le Grand-Anguillon, qui lui-même reçoit ses eaux du versant septentrional des Alpines, à travers les communes d'Eygalières et de Mollégès, et du versant oriental de la petite Crau, à travers les communes de Verquières et de Noves. Calibré par divers appareils en amont du territoire de Châteaurenard, ce fossé n'est destiné à débiter en aval qu'un volume déterminé pour l'usage des communes de

Châteaurenard, d'Eyragues, de Maillanne, etc. Il constitue, sous cette forme, un des affluents du Viguérat, qui, passant vers St-Gabriel, se dirige sur Arles.

Mais, vers son point de départ, là où ses eaux sont calibrées, le réal possède des moyens de décharge qui rendent au Grand-Anguillon, et de là à la Durance, le trop plein de ses eaux.

Un de ces moyens de décharge est La Foussière proprement dite, située à la limite des communes de Noves et de Chateaurenard. La détermination du volume que doit débiter le réal ayant lieu sur ce point par une martellière régulatrice, juxtaposée à un déversoir de surface de 5 mètres de largeur, toutes les eaux qui surmontent ce déversoir tombent dans La Foussière pour être rendues à la Durance par le Grand-Anguillon.

Or, entre le point où nous faisons déboucher les eaux de la branche d'Eyragues et La Foussière, le réal présente 1,615 mètres de longueur. Sur ce parcours, il n'y a presque pas de pente, et nous en rendrons même le plafond entièrement horizontal. La partie de nos eaux qui ne devra point avoir son écoulement en aval par le lit du réal sera retenue par la nouvelle martellière que nous établirons un peu au-dessous du point où débouchera la branche d'Eyragues, et, cherchant alors une issue en amont, ira se déverser, comme le trop plein du réal, dans La Foussière.

Pour établir ce facile moyen d'écoulement, nous avons évité avec soin tout ce qui serait de nature à altérer la disposition des ouvrages existants; nous nous sommes même interdit de toucher à aucun de ces ouvrages. Tout notre travail consistera à construire, à travers le lit du réal, au point que nous venons d'indiquer, la nouvelle martellière régulatrice, dont nous abandonnons la manœuvre à qui de droit, c'est-à-dire au syndicat qui régit ce cours d'eau ; il consistera à maintenir en outre les berges du réal, dans cette partie, assez en contre-haut du plafond pour que toujours la totalité des eaux puisse, sans inconvénient, aller prendre sa fuite par une coupure destinée à les écouler dans la Foussière, un peu en aval de l'ancienne martellière et de l'ancien déversoir, qui font aujourd'hui le même office pour le trop plein du réal.

Cette coupure rencontrera un petit fossé d'arrosage, dont nous conserverons le passage au moyen d'un syphon de 0ᵐ60 sur 0ᵐ60 dans œuvre, afin que le régime de ce petit fossé ne soit changé en rien. Elle rencontrera aussi un chemin d'exploitation, sur lequel nous construirons un pont de 4 mètres entre têtes, sur 2ᵐ50 d'ouverture.

Enfin voici les dimensions que nous donnerons aux ouvrages :

Le plafond du réal sera horizontal, comme nous l'avons dit, sur 1,615 mètres de longueur, depuis notre nouvelle martellière, en aval du débouché de la branche d'Eyragues, jusqu'à la coupure formant en amont notre déversoir dans La Foussière. Cette coupure entre le réal et La Foussière aura 26ᵐ60 de longueur. La Foussière elle-même présente 435ᵐ20 de développement jusqu'au Grand-Anguillon.

Le profil en travers du réal, dans cette partie, présentera 3 mètres de largeur au plafond ; les talus seront inclinés à 45 degrés ; la hauteur des berges au-dessus du plafond sera de 1ᵐ64, fort au-dessus de tout risque de submersion. Les berges auront 1 mètre en couronne, et l'inclinaison des talus extérieurs sera de 1ᵐ 1/2 de base sur 1 mètre de hauteur.

La vanne de la nouvelle martellière de retenue aura 1ᵐ23 de hauteur sur 1ᵐ de largeur, et démasquera, dans sa manœuvre, tel orifice qui séra jugé convenable pour assurer le débit désiré.

Le nouveau déversoir pratiqué dans la coupure indiquée ci-dessus sera ouvert sur 3"68, avec une largeur en couronne de 0"70. La différence entre sa crête et le plafond horizontal du réal sera de 0"36.

La Foussière sera repurgée sur toute sa longueur ; sa pente, au plafond, sera de 0"001148 par mètre. Son profil transversal ne sera point modifié.

Tous les ouvrages existants ou projetés permettront, dans ces conditions, non seulement le débit des 2 mètres susceptibles d'être écoulés par la branche d'Eyragues, en sus des eaux calibrées du réal, mais un volume bien supérieur encore à ces deux quantités réunies. Nous fixons la crête du nouveau déversoir à la cote 34" au dessus du niveau de la basse mer. Les eaux ordinaires du réal trouvant leur écoulement en contre-bas de ce point, l'introduction d'un volume supplémentaire de 2 mètres n'élèvera leur niveau qu'à la cote 34"45. Or, le couronnement des berges étant à 35"30, le niveau restera encore à 0",85 en contre-bas des berges.

Cherchons actuellement s'il peut s'élever des objections contre notre projet. Loin d'en voir une seule qui puisse être sérieuse, nous ne reconnaissons pour tous les intérêts que des avantages à recueillir.

1° Le réal ne recevra pas et ne transmettra pas au Viguérat une seule goutte d'eau de plus que son débit réglementaire, qui demeurera calibré comme par le passé. Mais, tandis que la crainte de l'introduction d'un excédant quelconque de volume, au delà du *maximum* déterminé, sera absolument écartée, il y aura l'immense avantage d'un *minimum*, désormais beaucoup plus régulièrement assuré.

2° Les usines situées en aval auront tout à gagner à la certitude future de ce minimum régulier, qui les mettra à l'abri de toute chance de chômage et de pénurie, en temps d'étiage.

3° Les arrosages qui s'effectuent par le réal, sur toutes les parties riveraines, tant à Chateaurenard que dans les autres communes, auront également tout à gagner à la tenue des eaux, pendant l'été, au niveau le plus élevé, niveau qu'elles sont loin d'atteindre dans la saison où les eaux ont le plus de prix. L'objection qu'on pourrait tirer de ce que les eaux de la Durance sont plus limoneuses que celle du réal tombent évidemment devant l'avantage qu'elles offriront, par là même, aux irrigations.

4° Dira-t-on que, pour les besoins des habitants de Chateaurenard, le mélange de ces eaux limoneuses à celles du réal sera un inconvénient ? Nous répondrons d'abord que les eaux du réal ne sont elles-mêmes ni limpides ni potables ; qu'elles ne servent pas même à abreuver les bestiaux, et que la population de ce pays ne consomme que des eaux de puits ; ensuite que, dans tous les cas, quoi qu'on fasse, ces eaux seront à l'avenir, comme elles le sont, dès à présent, salies par les écoulages du canal des Alpines sur les communes d'Eygalières, de Mollèges, de Noves, de Chateaurenard, d'Eyragues, etc., dont le réal est nécessairement tributaire ; qu'enfin, relativement à la ville de Châteaurenard, qui manque de fontaines, il sera très facile de tirer parti de nos eaux, descendant de la montagne, pour alimenter des réservoirs clarifiés, à tel niveau qu'on pourra désirer.

5° Après tout, les anciens titres , et notamment la transaction du 9 octobre 1619, dont nous aurons occasion de parler à propos du débouché de la Branche de Saint-Gabriel, réservent expressément aux futurs canaux d'arrosage, destinés à fertiliser et à enrichir la contrée, le droit d'emprunter le réal pour l'écoulement de leur eaux.

Il est donc évident que tout concourt à démontrer l'excellence d'un projet qui, en résumé, offre certainement plus d'avantages que celui qui tendait à jeter purement et simplement dans le réal les eaux de la Branche d'Eyragues, à la limite de cette dernière commune, suivant les termes mêmes de l'approbation donnée, après enquête, aux projets de la première compagnie concessionnaire, par décision de M. le ministre des travaux publics du 18 mars 1842, seule décision que nous ayons connue à l'époque de notre concession, et sous l'empire de laquelle nous soyons encore placés.

V. EMBRANCHEMENT DE NOVES (1).

L'embranchement de Noves a son origine dans le territoire de Saint Rémy, sur la branche d'Eyragues, à 763 mètres du bassin de partage et à 638 mètres environ en aval du point où elle traverse la route impériale n° 99, d'Aix à Montauban. La prise en avait été construite en cet endroit par l'ancienne compagnie, dont nous avons cru ne pouvoir qu'adopter les idées à cet égard.

Partant de ce point, situé au pied même de la croupe méridionale des coteaux qui, s'avançant perpendiculairement de la Durance sur Saint-Rémy, séparent en deux parties distinctes la plaine limitée au midi par la chaîne des Alpines, le canal suit les contours du versant oriental de ce soulèvement dont la branche d'Eyragues arrose le côté occidental, et, cheminant du midi au nord avec une pente uniforme de 0,0005 par mètre, sur une longueur de 8,599ᵐ.80, vient déverser ses eaux dans le ravin de Villargelle, qui les conduit à l'Anguillon, au point qui se trouve indiqué dans les études et sur le plan d'ensemble de la Compagnie anglaise, et à quatre kilomètres et demi en amont de la *Roche percée* ou *Roucas trouca*, qui, calibrant les eaux de ce fossé d'écoulement, en rejette le trop plein dans la Durance.

Le canal, entre la prise et son embouchure dans l'Anguillon, a la moitié de son parcours à peu près dans la commune de Saint-Rémy, et l'autre moitié dans celle de Noves. Il côtoie presque constamment le chemin vicinal de Saint-Rémy à Noves, sous lequel il a quatre fois à passer, et traverse les chemins d'Eyragues et de Saint-Andiol, et trois ravins de quelque importance, ceux du Mas-Rou, de Charambon et de Villargelle. A part ces obstacles, il ne rencontre sur son passage que des chemins particuliers et des fossés d'écoulement. Un tableau joint au projet contient la liste des ouvrages d'art dont ces divers accidents ont nécessité la construction. Ils sont au nombre de trente-neuf, et les détails de construction des principaux d'entre eux se trouvent rapportés dans un cahier qui fait partie du projet.

Le plan général indique, par une ligne rouge pleine, le parcours du canal en exécution aujourd'hui. La ligne ponctuée qui part du ravin de Villargelle reproduit le tracé étudié pour un prolongement qui pourrait être effectué plus tard. Provisoirement les eaux seraient arrêtées par

---

(1) Cette partie du projet a été présentée le 29 mars 1855.

un barrage établi sur l'aqueduc du ravin, et, se déversant par la martellière construite à l'amont de cet ouvrage, gagneraient l'Anguillon, en suivant, pour y arriver, le lit même du ravin, très profond sur ce point.

Indépendamment de ce déversoir de fond, nous avons cru devoir en établir un autre semblable sur le ravin du Mas-Rou, dont le lit se prête, comme celui de Villargelle, à un écoulement constant. En cas d'accident sur un point quelconque du parcours, ces déversoirs seraient d'un puissant secours, et auraient pour effet de faire disparaître ou du moins de circonscrire le danger.

Partout où nous avons prévu qu'il nous serait possible de le faire, partout en outre où, lors de l'exécution, nous reconnaîtrons la chose praticable, les aqueducs seront établis de manière à faire passer par dessus le canal les eaux descendant de la montagne. L'expérience a prouvé, sur le versant opposé de la commune d'Eyragues (ce qu'il était du reste facile de prévoir), que le débouché, dans les aqueducs par dessous, à moins qu'il ne fût poussé à l'exagération, était presque toujours insuffisant, eu égard aux matières encombrantes transportées par les eaux, en temps d'orage. Aussi, lorsque le terrain ne nous a pas permis d'adopter cette disposition, avons-nous cru devoir doubler au moins la largeur que la forme du fossé semblait nous indiquer comme suffisante.

La section de la cuvette dont nous joignons ici les différents types, suivant que le canal se trouve en déblai ou en remblai dans la terre, avec une pente de 0,0005, ou en déblai dans le rocher avec une pente de 0,002, a été calculée de manière que, devant servir à un débit réglementaire de 1 mètre, elle pût néanmoins, pour une tranche d'eau de 0^m80 de hauteur, suffire au passage de 1^m20 environ par seconde. Cet excédant d'un cinquième sur le résultat exact des calculs nous a paru nécessaire, eu égard aux faibles dimensions du canal, où le moindre obstacle pourrait avoir tant d'influence sur l'écoulement de l'eau. Les talus intérieurs de la cuvette, quand le canal sera en déblai dans la terre, présenteront une inclinaison de 1 p. 1, et de 1 1|2 p. 1 quand il sera en remblai. Ce dernier cas se présentera rarement, et seulement lorsque la disposition du terrain se sera absolument opposée à ce que le canal soit établi en déblai. Les talus seraient de 1|20 p. 1 dans la partie à creuser dans le rocher de Noves, si plus tard l'exécution venait à en être décidée.

L'arête la plus basse des berges du canal sera toujours, au moins, à 1 mètre au-dessus du plafond. Si cette hauteur n'existait pas naturellement dans les parties en rocher, elle serait rachetée par un mur maçonné de $0^m.50$ d'épaisseur. Un marche-pied de 1 mètre de largeur sera établi sur chacune des rives du canal; les cavaliers seront régulièrement jetés et dressés à cette distance.

A ces détails, qui sont, nous le pensons, assez complets pour bien indiquer les dimensions de tous ces ouvrages, nous ajouterons, à titre de renseignements, et sous la réserve que nous n'entendons point par là contracter des obligations qui ne nous sont point imposées par le cahier des charges, les notes suivantes sur les matériaux que nous avons l'intention d'employer et sur la manière dont nous comptons exécuter les ouvrages.

La pierre de taille employée pour former les encoignures, les cordons, les couronnements des maçonneries, sera prise parmi les bancs les plus durs et surtout les plus résistants des carrières des Baux ; les dalles et les moëllons bruts proviendront des carrières de Saint-Rémy ; la chaux, de qualité hydraulique, sera fournie par les fours de Saint-Rémy, de Caumont ou de Saint-Étienne-du-Grès ; le sable, extrait des carrières de Châteaurenard ou des ravins de la Crau, sera graveleux, criant à la main et bien purgé de terre ou de limon. Le mortier, composé de deux parties de chaux éteinte pour cinq de sable, entrera pour deux cinquièmes dans le cube de la maçonnerie brute, et pour un cinquième dans celle de pierre de taille.

VI. BRANCHE DE SAINT-GABRIEL.

La présentation de nos projets pour la continuation de la branche de Saint-Gabriel exige quelques explications préalables.

D'après l'avant-projet présenté par la Compagnie générale de desséchement et approuvé en 1842, cette dérivation, prenant ses eaux au bassin de partage de Saint-Rémy, devait les écouler dans le Viguérat à Saint-Gabriel.

Le projet de détail présenté en 1847 par la Compagnie anglaise, et approuvé par décision du 6 octobre de la même année, devait les conduire jusqu'au Rhône, par la Lone de Lansac, au moyen d'un pont-aqueduc à construire sur le Viguérat et d'un grand remblai à travers la plaine.

Aux termes du décret du 31 juillet 1851, un embranchement sur Arles devait être construit pour servir de canal de fuite à la branche de Rognonas ; et alors les eaux de Saint-Gabriel, au lieu d'être conduites au Rhône par la Lone de Lansac, devaient être déversées dans ce canal de fuite pour être conduites au Rhône, près d'Arles.

Enfin, en 1854, lors de l'instruction administrative qui a précédé le nouveau décret de concession, MM. les ingénieurs avaient proposé, selon le projet antérieur de la Compagnie générale de desséchement, de déverser purement et simplement les eaux de la branche de Saint-Gabriel dans le Viguérat.

Nous ignorons quel devait être exactement leur point d'arrivée au Viguérat ; mais nous pensons, d'après les indications qui nous ont été fournies sur les projets de cette époque, que le canal ne devait être continué que jusqu'au ravin de l'Ange, et que ses eaux devaient être écoulées dans le Viguérat, par ce ravin, situé à 2,000 mètres en amont de Saint-Gabriel.

C'est en présence de ces diverses combinaisons et de ces précédents que nous avons abordé l'entreprise, sachant d'avance que l'administration considérait les dispositions du décret de 1851 comme devant être nécessairement modifiées, puisqu'un article spécial, l'article 10, avait été ajouté au décret, en vue même de ces modifications.

Or, en venant reprendre les travaux délaissés par la Compagnie déchue, nous avons trouvé la branche de Saint-Gabriel commencée sur plusieurs points par cette Compagnie, dans les dimensions réglementaires des projets approuvés ; continuée par les syndicats provisoires, dans des dimensions moindres, en vertu d'autorisations administratives pour occupations temporaires, et enfin interrompue à partir du ravin Raget, c'est-à-dire à partir d'un point à peu près intermédiaire entre Saint-Rémy et Saint-Gabriel.

Notre première pensée a été de procéder immédiatement au prolongement de cette branche, pour étendre, dès la première année, le bienfait des irrigations surtout le versant de la chaîne des Alpines. L'activité que nous avons déployée pour atteindre ce but, en dépit des difficultés de toute nature dont notre entreprise, à ses débuts, s'est trouvée hérissée, en l'absence de tout droit d'expropriation à opposer aux prétentions exorbitantes de plusieurs propriétaires, nous a permis de terminer complétement et les ouvrages d'art, qui sont en très grand nombre sur ce parcours, et le creusement du canal, sur 5,820 mètres de longueur, en très-grande partie dans le rocher.

La branche de Saint-Gabriel est donc aujourd'hui en état de conduire les eaux du bassin de partage de Saint-Rémy jusqu'à leur débouché dans le Viguérat à Saint-Gabriel.

1° Perfectionnement des travaux exécutés depuis le bassin de partage de Saint-Rémy jusqu'au ravin Raget, sur 9,032 mètres de longueur.

Les travaux de la partie supérieure comprise entre le bassin de partage de Saint-Rémy et le ravin Raget ont été généralement entrepris par l'ancienne Compagnie; mais, après sa déchéance, les syndicats provisoires se sont appliqués à couper les tronçons qui faisaient obstacle à l'écoulement des eaux, et à exécuter des terrassements, sur environ 3,500 mètres de longueur, sous forme de rigoles, dont la reconstruction équivaut à peu près aujourd'hui à une exécution nouvelle du canal. Nous avons entrepris l'achèvement de ces mêmes travaux, dès la cessation des arrosages de 1855, après avoir soldé les avances des syndicats et le prix de tous les terrains laissés impayés tant par les syndicats que par l'ancienne Compagnie. Bientôt cette partie sera, comme les autres, en état d'écouler le volume départi à la branche de Saint-Gabriel.

Nous dirons peu de mots de cette section du canal. Exécutés presque partout en déblais, les terrassements entrepris par l'ancienne Compagnie présentent des talus à l'inclinaison de 1 1|2 sur 1. La hauteur des banquettes n'est pas moindre de   au dessus du plafond, qui a généralement la largeur d'un mètre. Les pentes seules, projetées à 0ᵐ.0005 par mètre, présentent quelques irrégularités peu importantes.

Les tronçons ouverts par le syndicat ne sont qu'ébauchés. Non seulement leur section est trop faible, mais le raccordement des courbes est mal exécuté et les talus sont presque à pic; ils présentent surtout cet inconvénient que, pour donner à la cuvette les proportions voulues il y a lieu de remanier presque partout les terres qui ont été jetées sur les bords à une distance insuffisante de l'axe.

Quant aux travaux d'art, à l'exception de trois ponts que nous exécutons nous-mêmes, ils étaient tous construits par la Compagnie anglaise. On peut dire que les syndicats n'y ont rien ajouté, et, relativement à leur exécution, en tout ce qui est apparent, ils sont parfaitement recevables. S'ils pèchent par le corps de la maçonnerie, par les fondations, par certaines erreurs de nivellement, etc , ils n'en sont pas moins, de toutes les parties antérieures des travaux, celle qui a été le mieux exécutée.

2° Projet de continuation de la branche de Saint-Gabriel, du ravin Raget jusqu'à Rembaye, près de Saint-Gabriel, sur 5,820 mètres de longueur (1).

Ainsi que nous venons de l'exposer, la branche de Saint-Gabriel, suivant les projets antérieurs, ne devait être prolongée sur le revers de la montagne que jusqu'au ravin de l'Ange, près de Pommeyrolles, pour être conduite de là, dans le lit même du ravin, jusqu'au Viguérat. C'était le dernier résultat des études de l'ancienne Compagnie, conforme aux vues de l'ingénieur de l'arrondissement, alors chargé de ce service. Mais ce projet, dont le seul avantage paraissait consister à éviter les rochers qui s'étendent sur ce point jusqu'à Saint-Gabriel, avait l'inconvénient de restreindre le périmètre irrigable sur une longueur d'environ deux kilomètres.

La nouvelle Compagnie, voulant d'une part étendre aussi bien que possible les irrigations à effectuer directement par cette branche et d'autre part se réserver le bénéfice d'une dérivation facile à conduire ultérieurement sur le territoire de Fontvieille, n'a pas craint de s'imposer dès à présent la charge de couper les rochers jusqu'à Saint-Gabriel, ou plus exactement jusqu'au domaine de Rembaye, ce qui, comparé au projet antérieur, constitue une amélioration notable.

Inépendamment de ce premier sacrifice à l'intérêt général, la Compagnie a cru devoir, dans un but analogue, modifier sur plusieurs points le tracé antérieurement suivi. Ces modifications, en principe, n'ont eu d'autre objet que de remonter la ligne du canal dans la montagne au prix d'une extraction beaucoup plus considérable de rochers.

A l'exception d'un petit nombre d'ouvrages d'art et de deux tronçons ébauchés, l'un sur la propriété de M. de Guibert et le second dans le parc de M. de Gasparin, les travaux de l'ancienne Compagnie et ceux des syndicats s'arrêtaient, ainsi que nous l'avons dit ci-dessus, vers le ravin voisin de la propriété Raget, peu après la limite de la commune de Tarascon. A partir de ce point, le canal, après avoir suivi le coteau jusqu'à la chute de Fontchâteau, devait traverser l'ancien chemin des Romains pour se maintenir au niveau de la plaine de Saint-Etienne, dont l'irrigation eût alors présenté bien des difficultés. Outre cet inconvénient, les propriétaires des nombreuses maisons de campagne établies dans le quartier du Grès auraient été privés du bénéfice des eaux, et c'est sous la pression de leurs instances, d'une part, et des difficultés qu'ils auraient opposées, d'autre part, à l'exécution des travaux suivant l'ancien tracé, que nous avons résolu de maintenir le canal à un niveau de beaucoup supérieur à l'ancien, en le reportant dans la montagne à partir des fours Rousseau, et en ne rejoignant l'ancien tracé qu'à plus de 2 kilomètres plus loin en amont du parc de Pommeyrolles.

Nous devons d'ailleurs rappeler la position exceptionnelle dans laquelle la Compagnie nouvelle s'est trouvée. Tandis qu'aux termes de l'art. 10 du décret de 1851, la Compagnie était menacée de déchéance dans le cas où les travaux ne seraient point repris dans le délai de quatre

---

(1) Cette partie du projet a été présentée le 15 mars 1855.

mois, elle n'avait point en sa possession les projets qu'il s'agissait d'exécuter. Vainement elle en avait fait la demande aux agents de l'ancienne Compagnie qui en restaient détenteurs. Dans cette position, il fallait ou qu'elle différât le commencement des travaux, ou qu'elle les commençât en l'absence de projets approuvés. C'est à ce dernier parti qu'elle s'est arrêtée sous sa responsabilité : c'était, on le reconnaîtra, le parti le plus favorable à l'intérêt général et le plus propre à faire apprécier son empressement à remplir l'objet essentiel de sa concession.

Le tracé antérieur ne nous était donc révélé que par l'inspection des lieux et par quelques données très superficielles, même entachées d'erreurs. Il était difficile, dans ces conditions, de ne point y apporter de changements, et c'est sous l'empire de ces circonstances que nous avons résolu d'adopter une ligne évidemment préférable, puisqu'elle maintenait un niveau beaucoup plus élevé.

En ce moment les travaux peuvent être considérés comme entièrement terminés sur l'ensemble du parcours que nous venons d'indiquer, dans les conditions les plus difficiles d'exécution ; et l'immense plaine qui s'étend en aval du quartier de Saint-Etienne peut jouir dès cette saison du bienfait de l'arrosage par l'autorisation que nous sollicitons de l'administration de nous mettre en mesure d'occuper à titre temporaire une parcelle unique, pour laquelle nous ne pouvons remplir immédiatement les formalités d'expropriation et sur laquelle nous n'avons pu obtenir jusqu'ici par les voies amiables le passage des eaux.

Cette partie importante du canal que nous venons ainsi d'exécuter, et dont le tracé sur le plan général est indiqué par la ligne rouge pleine, en regard de l'ancien tracé, désigné par la ligne ponctuée, a été divisée par nous en deux sections. Dans la première, qui s'étend du piquet 1 au piquet 41, et dans laquelle le canal est presqu'en totalité tranché dans les rochers, le plafond offre une pente uniforme de 1 millimètre par mètre ; cette pente est ramenée à $0^m.0005$ dans la deuxième section, où le rocher ne se montre plus qu'accidentellement. Les profils de la cuvette du canal, calculés sur ces deux données, permettent les uns et les autres, pour une nappe de 1 mètre de hauteur, un débit de $2^m.20$ par seconde. Même latitude a été prise pour le passage des eaux dans les ouvrages d'art. Ces profils, qui varient en outre suivant qu'ils se rapportent aux différentes conditions dans lesquelles se trouve sur son parcours le canal, sont figurés en tête des deux cahiers de profils en travers afférents à chacune des deux sections.

Ces profils en travers, relevés de 20 en 20 mètres, sont tous rapportés à 0 sur la ligne noire du profil en long. Ils indiquent que partout nous nous sommes maintenus aussi haut que possible sur le flanc des coteaux.

La pente totale a été ménagée de telle sorte que le canal, arrivant à Rembaye à la cote 9.50, au plafond, pût facilement se prêter à toutes les combinaisons susceptibles d'être ultérieurement commandées par les circonstances. C'est ainsi, d'une part, que l'irrigation de la commune de Fontvieille pourrait être aisément assurée par le prolongement d'une rigole sur le contour de la montagne. C'est ainsi, d'autre part, que, si, contre toute vraisemblance, il devenait quelque jour nécessaire de traverser le Viguérat, pour gagner directement le Rhône au moyen d'un grand remblai à travers la plaine, ou pour rejoindre la branche de Rognonas, l'élévation du point de départ à Saint-Gabriel permettrait de tenir les eaux à leur point d'arrivée en contre-haut des plus hautes crues du fleuve.

C'est même dans ce but très éventuel que les maçonneries de la branche aval du syphon destiné à faire passer le canal sous la route départementale n° 17, à Rembaye, ont été projetées sur une épaisseur telle qu'au besoin elles pussent être élevées, sans changement dans leur soubassement, à la même hauteur que celles de la branche d'amont. Dans le projet que nous présentons aujourd'hui, la différence de niveau entre les deux branches est de 2ᵐ.70, le plafond de la partie inférieure du canal, abaissé à la cote 8 mèt., étant encore à une hauteur suffisante pour assurer un écoulement, même pendant les crues les plus élevées du Viguérat.

Les détails de construction de ce syphon et de l'ensemble des travaux qui forment en ce point la fin de la branche de Saint-Gabriel se trouvent indiqués dans les dernières feuilles du cahier, où nous avons réuni les dessins de tous les ouvrages d'art que nous avions à exécuter sur cette ligne. Ainsi qu'il est facile de le reconnaître, nous nous sommes toujours, pour ces ouvrages, rapprochés le plus possible des types antérieurement adoptés. Parmi les modifications que nous avons cru convenable d'y apporter, nous mentionnerons l'établissement d'un déversoir de surface sur chacun des aqueducs ayant à traverser des ravins de quelque importance. Ces déversoirs, placés à 1ᵐ.05 au dessus du plafond du canal, empêcheront les eaux de surmonter les berges du canal, dans le cas où un orage ou un accident imprévu viendrait à en augmenter le volume d'une manière compromettante pour sa solidité. Nous avons en outre, et dans le même but, pratiqué un déversoir de fond sur le ravin de Montplaisir.

Enfin, bien que les dessins relatifs aux ouvrages d'art puissent paraître assez complets pour rendre superflus de plus amples détails, nous allons ajouter ici quelques notes sur les matériaux que nous avons employés et sur la manière dont nous avons exécuté les ouvrages.

La pierre de taille pour les encoignures, les cordons, les couronnements et les dallages des ponts et aqueducs a été extraite des carrières des Baux ou de Saint-Gabriel; le moellon piqué provient exclusivement des carrières de Saint-Gabriel, et une partie du moellon brut est extraite du même lieu; le reste a été choisi parmi les pierres les plus propices qui ont été tirées de nos déblais dans le rocher. Le sable, graveleux et purgé de terre, a été recueilli dans les ravins voisins des chantiers. Les fours de Saint-Etienne ont fourni toute la chaux employée jusqu'ici aux ouvrages, qui avait été tirée des bancs les plus hydrauliques de la carrière.

Le mortier employé contient 0ᵐᶜ.40 de chaux éteinte pour 1ᵐᶜ de sable, et entre pour 2 cinquièmes dans le cube de la maçonnerie brute et 1 cinquième dans celle de la pierre de taille.

A la fin du travail les maçonneries sont ragréées et les joints de la pierre de taille et du moellon piqué sont refaits et lissés au fer.

Rien, en un mot, n'est négligé pour que les ouvrages réunissent toutes les conditions imposées par les règles de l'art pour arriver à une bonne et solide construction, et l'intérêt seul de la Compagnie suffit à cet égard pour suppléer à toute garantie qui n'aurait point été stipulée par le cahier des charges.

3° *Fuite des eaux de la branche de Saint-Gabriel dans le Viguérat.*

Quelque intérêt que puissent présenter les détails d'exécution de la partie des travaux qui précèdent, cet intérêt étant pour ainsi dire nul auprès de celui qui s'attache à la solution de la question d'écoulement des eaux, nous nous empressons d'aborder l'examen de ce point important.

Après avoir rappelé que les projets de la première compagnie concessionnaire, mis à l'enquête en 1840 et suivis d'une approbation générale donnée par décision du 18 mars 1842, tendaient à faire déboucher dans le Viguérat les eaux de la branche de Saint-Gabriel, et qu'en dernier lieu, les propositions formulées par MM. les ingénieurs, dans l'instruction administrative qui a précédé notre décret de concession du 14 juin 1854, propositions que nous avons, ainsi que l'administration supérieure, toujours considérées comme posant la base réelle de nos obligations, tendaient également à l'adoption du même moyen d'écoulement, il devrait nous suffire de présenter ici nos projets dans ce sens. Voulant toutefois répondre d'avance à toutes les objections tirées soit d'une fausse interprétation, soit d'une connaissance imparfaite des faits, nous allons sommairement exposer :

D'une part, les conditions auxquelles nous proposons d'écouler dans le Viguérat les eaux de fuite de la branche de Saint-Gabriel ;

Et, d'autre part, les faits et considérations qui en motivent surabondamment l'adoption.

Propositions de la Compagnie.

1° La Compagnie s'oblige à contribuer annuellement aux frais d'entretien du Viguérat, dans la proportion des dépenses nouvelles qui pourront résulter du débouché des eaux de la branche de Saint-Gabriel dans ce grand canal d'écoulement.

2° Elle s'oblige à fermer les martellières de tête de la branche de Saint-Gabriel, de manière à empêcher l'introduction des eaux dans cette branche, dès que le niveau du Viguérat atteindra, immédiatement en amont du pont des Quatre-Arcs, à Saint-Gabriel, la cote $6^m.70$ au-dessus du niveau de la mer, soit une élévation de $0^m.20$ en contre-bas des berges du pré Berthet, point reconnu le plus bas des parties riveraines et formant actuellement déversoir.

3° La Compagnie se réfère, pour tout ce qui n'est point prévu dans les articles ci-dessus, aux dispositions réglementaires que l'administration jugera utile d'adopter.

Faits et considérations à l'appui de ces propositions.

« Les documents historiques et la tradition ne laissent aucun doute, disait M. l'ingénieur en « chef Garella dans son rapport du 25 mars 1820, que la Durance, dont le cours a éprouvé tant « de variations et qui a laissé partout des traces de son passage dans les graviers qui se trouvent » immédiatement au dessous de la couche de terre végétale, n'ait, dans les siècles reculés, « coulé : 1° à travers la plaine et les marais de Mollégès et de Noves, 2° au pied des collines « de Châteaurenard et de Saint-Gabriel, à travers la plaine d'Eyragues, Maillane, l'Aurade, et « longé la Coustière de Crau, précisément là où se trouvent les marais d'Arles. »

Cette zone longitudinale, cette partie basse du territoire qui s'étend de Noves et de Châteaurenard jusqu'à Arles, en passant par l'Aurade et par Saint-Gabriel, est justement ce qui forme le lit actuel du grand fossé d'écoulement, dont les affluents, connus sous les noms génériques de *réal* ou de *roubines*, forment vers Saint-Gabriel ce qu'on appelle le Viguérat, lequel vient aujourd'hui déverser ses eaux, par l'écluse de la Moncalde, dans le canal de navigation d'Arles à Bouc, qui les conduit jusqu'à la mer.

Après cette première période, où le lit de ce cours d'eau n'était qu'un bras de la Durance, une *lone*, dans le langage du pays, des travaux d'amélioration ont été exécutés : 1° sur les bords de la Durance, pour en contenir les eaux et en circonscrire le lit ; 2° sur toutes les parties basses de la zone submersible, pour en relever le niveau, soit par des colmatages, soit par la simple culture et par l'abaissement naturel des fonds supérieurs ; 3° sur les bords mêmes des roubines et des canaux d'écoulement, pour en encaisser les eaux, surtout dans les parties inférieures, de manière à les rendre propres au desséchement des parties supérieures.

Ce triple résultat a été lentement, mais successivement, obtenu.

Toutefois, aujourd'hui encore, quand il survient des pluies extraordinaires dans la région des Alpines, concurremment avec les crues de la Durance, on voit en quelque sorte se reformer son ancien lit dans la zone ci-dessus décrite, et les eaux courir de Châteaurenard jusqu'à Arles, en passant par Saint-Gabriel.

Or le canal d'irrigation dont nous apportons le bienfait au pays va-t-il aggraver les inconvénients de cet état de choses, ou va-t-il les atténuer ? C'est ce que nous voulons sérieusement examiner, et, de prime abord, nous disons qu'au bénéfice incalculable de la fertilité que nous allons créer par l'irrigation s'ajoutera, par l'exécution pure et simple de nos projets, le bénéfice d'une plus-value non moins considérable par le desséchement.

En effet, sous le triple rapport des moyens de desséchement employés jusqu'ici, nous allons puissamment seconder les efforts du pays.

1° Nous exécuterons, le long de la Durance, depuis le territoire de Noves jusqu'au Rhône, une chaussée destinée à rétablir, à relever tous les anciens travaux d'endiguement.

Par là les grandes inondations deviendront impossibles, et la zone si long-temps submergée se trouvera désormais protégée contre la Durance, comme elle l'est contre le Rhône depuis la construction récente des chaussées du chemin de fer.

2° Par le déversement des eaux de colmatage, que nous nous empresserons de répandre, dans la mesure des besoins, sur les parties marécageuses de Mollégès et de Noves, nous relèverons le niveau général de ces portions du territoire, tributaires par filtrations des eaux de la Durance, et rendant par filtrations les mêmes eaux dans le récipient du Viguérat.

Il en sera de même des caisses d'emprunt du chemin de fer, qui, de Rognonas jusqu'à Arles, sont constamment emplies des eaux de filtration, dont le niveau est aussi solidaire des crues de la Durance, et dont l'effet se fait également sentir dans les parties d'aval.

Sous ce rapport encore, nous pourrons, par le colmatage, assainir et combler ces réservoirs malsains, tout en concourant sans effort au relèvement général des bas-fonds.

3° Enfin le limon que nos eaux sont susceptibles d'apporter dans le lit inférieur du Viguérat, c'est-à-dire *sur les points où il est en remblai*, à partir de Saint-Gabriel, fournira sur ce point des dépôts dont l'enlèvement périodique (aux frais de la Compagnie, appelée pour une part, comme nous l'avons dit, à concourir à l'entretien) servira à en exhausser, à en fortifier les berges.

De ces considérations générales, qui n'avaient nullement échappé à l'observation des plus anciens ingénieurs, et auxquelles des études récentes ont donné une valeur nouvelle, il résulte que rien ne saurait être plus dénué de fondement que la crainte d'un préjudice apporté par le canal d'irrigation à l'œuvre de desséchement que poursuit en même temps le pays.

Cela posé, voici les faits qui se rattachent au fonds de la question.

Depuis des siècles, un grand canal d'irrigation était projeté pour conduire les eaux de la Durance à Tarascon. C'est ce même projet qui, conçu primitivement pour dériver les eaux au point dit la Glacière, en face du village d'Orgon, et subissant des modifications qui n'ont pas cessé, toutefois, d'en développer la pensée, touche enfin aujourd'hui au terme de son exécution. Or, dans tous les contrats intervenus entre les communes intéressées, des réserves expresses ont été insérées pour assurer éventuellement, par le lit du Viguérat, l'écoulement des eaux du canal projeté.

Par une transaction du 9 octobre 1619, entre les villes d'Arles, de Tarascon, de Saint-Rémy, les associations de vidanges, etc., il fut stipulé ce qui suit :

« Combien ait été accordé que les dits de Tarascon, ni autres supérieurs, ne pourront faire « nouveaux canaux pour tirer les eaux de la Durance, au lieu dit *de la Glacière* ou de la rivière « du Rhône, et les jeter sur les terrains d'Arles et Tarascon, ni élargir ceux qui sont en état, « par lesquels les eaux supérieures sont dérivées, sans payer les dommages-intérêts, *suppri-* « *mant les dits pactes*, ne leur sera permis faire les dits canaux, que pour l'arrosage tant seule- « ment, et non pour autre effet, et, en ce cas, les dits de Tarascon paieront les dommages- « intérêts aux dits d'Arles, *s'il y échoit*, et moyennant ce, sera paix et amitié entre lesdites com- « munautés d'Arles, Tarascon, etc. »

Ainsi, le droit formel a été de tout temps réservé dans l'intérêt du pays, par le pays lui-même, de verser dans les fossés d'écoulement les eaux des canaux d'arrosage, moyennant paiement de dommages, *s'il y échoit*. La Compagnie, revendiquant ce droit, et ne voulant point se soustraire à ses justes conséquences, constate que le paiement d'un dommage (*s'il y échoit*) est la seule réserve qui existe contre elle.

A une époque plus récente, lors de la création du canal de navigation d'Arles à Bouc, un traité en date du 5 mars 1827 fut passé entre l'association du Viguérat et les représentants de l'État, aux termes duquel les eaux du Viguérat, jugées indispensables pour alimenter le premier bief du canal de navigation, furent cédées par l'association pour y être déversées à l'écluse de la Montcalde, au niveau déterminé par l'art. 1er de cette convention.

La conséquence immédiate de ce contrat fut que l'État plaça un barrage mobile à travers le lit du Viguérat à Arles, pour en introduire les eaux dans le canal de navigation, ce qui a donné lieu aux résultats suivants :

1° Le canal de navigation a aujourd'hui le plus grand intérêt à ce que les eaux du Viguérat soient augmentées, surtout en temps de pénurie, de celles du canal d'arrosage.

2° L'introduction dans le Viguérat d'un volume d'eau supplémentaire n'aura point pour effet d'en rehausser le niveau.

En effet, l'administration, n'ayant qu'à ouvrir les vannes de son barrage pour écouler toute quantité d'eau excédant le maximum d'élévatio nqui lui est nécessaire pour l'alimentation de son bief, ne manquera pas d'en déterminer le débit de manière à ne pas surmonter le point régulateur de la retenue actuelle.

Ajoutons que la fuite de nos eaux à Saint-Gabriel dans le Viguérat est un fait de trop peu d'importance pour avoir dans aucun cas une action sensible sur ce cours d'eau, qui, au niveau des banquettes, présente à partir de Saint-Gabriel *une largeur moyenne de 18 mètres*.

Si donc le niveau des eaux du Viguérat ne risque point d'être relevé par l'introduction des eaux de fuite de la branche de Saint-Gabriel, il ne peut rester qu'une objection possible, celle de l'envasement, auquel il est si facile de porter remède par des travaux périodiques d'entretien.

Il y a plus : pendant huit ou dix mois de l'année, le Viguérat n'étant pas suffisamment alimenté, et devenant alors une cause d'insalubrité pour le pays, l'introduction d'une *eau courante* aura pour effet d'empêcher la croissance des herbes parasites, dont la destruction annuelle constitue aujourd'hui la charge la plus considérable d'entretien.

Pendant la saison des pluies, au moment où l'on pourrait prévoir le danger d'une de ces inondations qui, quoique rares, seront pourtant à redouter aussi long-temps que l'effet des travaux de défense mentionnés ci-dessus ne sera point complétement assuré, la Compagnie, en s'obligeant à fermer les martellières de tête de la branche de Saint-Gabriel et en suspendant ainsi toute introduction d'eau dans le Viguérat, écarte par là même tout risque de dommage ; et, dans ce cas exceptionnel, ce moyen est assurément le meilleur, pour ne point dire le seul qui soit exempt de sérieux inconvénients.

Ainsi, pendant toute la période des basses eaux, l'introduction d'une eau supplémentaire étant un bien, une cause d'assainissement et de destruction des herbes marécageuses, et pendant la période où les eaux sont susceptibles de s'élever au dessus de la cote de 6^m.70, cette introduction cessant d'avoir lieu (sans préjudice alors pour les arrosages), il est constant qu'aucune objection n'est possible contre ce mode d'écoulement.

Au reste, en ce moment, l'expérience est faite. Depuis sept ou huit ans, le canal des Alpines déverse ses eaux dans le Viguérat. Où sont les faits, où sont les plaintes, ayant date certaine, qui justifient l'allégation d'un dommage? Où est la preuve que les frais d'entretien de ce cours d'eau aient été accrus ? C'est en vain que des plaintes rétrospectives, dont la trace antérieure n'existe nulle part, tendraient à atténuer aujourd'hui la force de cet argument. Du 1er avril au 15 octobre, le Viguérat reçoit chaque année, dès à présent, plus d'un mètre cube d'eau par seconde du canal des Alpines, soit par les déperditions, soit par le débouché direct des fossés de distribution. Or ce fait actuel est *inévitable à tout jamais* durant les deux tiers de l'année pour la totalité des eaux destinées à être répandues de la montagne sur la plaine. Cela étant ainsi, le Viguérat ne pouvant en aucune manière cesser pendant les deux tiers de l'année d'en être tributaire, la seule alternative qui reste au pays chargé de l'entretien de ce cours d'eau est de supprimer le canal d'arrosage ou de s'assurer le concours de la Compagnie pour une contribution d'entretien.

Enfin, dans les circonstances où nous nous sommes chargés de l'entreprise, et par suite de la disposition des lieux, il ne suffirait pas que les intéressés exprimassent le désir que les eaux de la branche de Saint-Gabriel eussent leur débouché ailleurs que dans le Viguérat. Il faut encore examiner si le remède destiné à y obvier ne serait pas pire que le mal.

Or c'est là justement ce qui arriverait.

D'abord, ainsi que nous venons de l'exposer, il serait toujours impossible d'empêcher, pendant sept ou huit mois de l'année, que le Viguérat ne reçût les eaux dont il s'agit; ensuite, pour la période des pluies, si la Compagnie exécutait le remblai à travers la plaine de Saint-Gabriel à Lansac, dont le projet, présenté par la dernière compagnie, a été approuvé, la plaine, plus ou moins obstruée, barrée par cette dispendieuse chaussée, subirait bien plus complètement, bien plus fatalement, les risques redoutés en temps d'inondation. C'est en effet au thalweg de cette plaine que correspond la zone submersible où jadis s'étendaient les eaux de la Durance. C'est là qu'un mur avait été construit pour prévenir l'invasion des eaux sur les fonds inférieurs ; les effets de ce mur furent reconnus si désastreux qu'on en décida la démolition, et ce qu'il faudrait faire aujourd'hui, sous une forme plus ou moins sujette à objection, serait le rétablissement de ce mur.

Le plus pressant intérêt de la Compagnie est, indépendamment de toute question de dépense, de prévenir les dommages susceptibles d'engager gravement sa responsabilité par le fait du barrage à créer sous une forme quelconque à travers la plaine, lequel, peut-être, n'aurait pas même pour effet d'empêcher qu'elle ne fût encore recherchée pour avoir à payer des contributions d'entretien à l'association du Viguérat, en raison des eaux perdues qu'elle introduirait toujours inévitablement dans ce cours d'eau.

Ajoutons que le tronçon de canal représenté par ce remblai de Saint-Gabriel à Lansac serait sans utilité pour l'extension des arrosages, attendu que les eaux seront facilement répandues sur cette partie basse du territoire par l'embranchement dirigé de Tarascon sur Arles.

Qu'y a-t-il de plus simple, en présence de ces alternatives, qu'y a-t-il de plus avantageux, que de faire ce que la Compagnie propose ? Payer une contribution pour sa part d'entretien du Viguérat et fermer les martellières qui introduisent les eaux dans la branche de Saint-Gabriel, au moment qui précède la naissance de tout risque d'inondation.

En résumé, dans ce débat, trois graves intérêts sont en cause : l'intérêt du canal d'irrigation, celui du canal de desséchement, celui du canal de navigation.

C'est avec une entière confiance que nous proposons à l'administration de régler ces trois intérêts de manière à les concilier équitablement, nos propositions reproduisant ici celles de MM. les ingénieurs qui ont fourni la base des conditions réelles de notre concession.

DEUXIÈME PARTIE.

PROJET GÉNÉRAL DU NOUVEAU CANAL DÉSIGNÉ SOUS LE NOM DE SECONDE BRANCHE
DU CANAL DES ALPINES, OU BRANCHE DE ROGNONAS (1).

NOTIONS PRÉLIMINAIRES.

Les conditions d'exécution de la *deuxième branche*, dite *de Rognonas*, ont été posées dans le décret du 31 juillet 1851; mais, depuis lors, ces conditions ont été considérées par l'administration comme devant être modifiées.

Dans l'instruction administrative qui précéda l'adoption du nouveau décret de concession du 14 juin 1854, MM. les ingénieurs avaient formulé plusieurs propositions de changement, et toutes les personnes qui s'étaient occupées des études de cette branche avaient signalé la convenance des projets suivants :

1° Au lieu de construire à Rognonas la nouvelle prise d'eau, il était parfaitement reconnu que, pour répandre l'irrigation sur toute la contrée qui s'étend de la Durance jusqu'à Arles, il valait mieux emprunter la prise déjà existante du canal de Châteaurenard, en y pratiquant tous les travaux d'élargissement nécessaires pour le débit du volume supplémentaire c ncédé à la Compagnie.

2° Il était également reconnu que la Compagnie du canal agirait sagement si elle combinait l'exécution de son entreprise avec la construction des chaussées insubmersibles, dont le projet, approuvé en principe par l'administration, doit être incessamment réalisé sur les communes de Châteaurenard, de Rognonas et de Barbentane, parallèlement à la Durance jusqu'au Rhône, de manière à trouver une partie des remblais nécessaires à la construction des chaussées dans le creusement du lit du canal.

3° Enfin il était admis que le canal, en longeant ainsi la rive gauche de la Durance, adossé aux chaussées, viendrait jusqu'aux abords du viaduc du chemin de fer, et là se jetterait dans les caisses d'emprunt qui bordent le chemin de fer, dans l'intérêt non seulement de l'entreprise du canal (qui pourrait aisément stipuler en sa faveur l'abandon du terrain de ces caisses d'emprunt, susceptibles d'être bientôt colmatées), mais dans l'intérêt même de la Compagnie du chemin de fer, qui verrait ainsi disparaître les foyers d'infection et les causes de dommage créées par l'absence de tous moyens d'écoulement des eaux qui y séjournent actuellement.

Telles étaient les trois idées fondamentales proposées en modification des projets consacrés par le décret du 31 juillet 1851 pour la construction de la seconde branche du canal des Alpines.

Nous n'avons pas besoin de rappeler ici les autres modifications importantes qui étaient également demandées au projet de la première branche. Cette observation trouve sa place dans la partie de ce mémoire qui concerne, d'une part, la branche de Saint-Gabriel, dont l'administra-

---

(1) Le projet général de la seconde partie a été présenté le 14 juin 1854.

tion se proposait de déverser directement les eaux au Viguérat, et, d'autre part, la branche d'Eyragues, dont il paraissait convenable d'écouler les eaux au Réal de Châteaurenard.

Toutes ces propositions nous ont d'abord frappés, et par leur convenance au point de vue des divers intérêts généraux engagés dans l'affaire, et par l'utilité même de leur exécution au profit de la Compagnie; mais un examen attentif de chacune des questions ainsi soulevées nous a conduits, pour la rédaction de nos projets, à des résultats qui, sans s'écarter de l'esprit dans lequel ces idées avaient été primitivement conçues, en modifient cependant, ainsi qu'on va le voir, la réalisation.

I. PRISE D'EAU A LA DURANCE.

Le premier fait généralement constaté, c'est que l'emplacement désigné pour la nouvelle prise, dans la commune de Rognonas, devait nécessairement être changé. Entre autres inconvénients d'une prise établie sur ce point, il nous suffira d'indiquer les suivants :

Le sol de la commune de Rognonas et des territoires inférieurs présente une surface à peu près uniforme, dont la déclivité, du nord au sud, est si peu marquée que, pour que l'eau de la Durance au radier de la prise projetée, à 0.50 en contre-bas de l'étiage, pût être amenée au niveau du terrain ; en d'autres termes, pour que l'irrigation fût normalement assurée en aval, un espace considérable devrait être creusé jusque sur le territoire de la commune de Graveson : d'où il suit que la totalité de la commune de Rognonas, et en partie celle de Graveson, pour lesquelles l'irrigation semble devoir apporter les plus grands avantages, seraient privées de ses bienfaits par l'adoption de ce projet.

En effet, la cote de l'étiage étant, à l'épi de Bessière, de $20^m.75$ au dessus du niveau de la mer, le radier de la prise serait à $20^m.25$; et si de ce point on admet une pente moyenne de 0.0004 au minimum par mètre, on voit qu'à la limite de la commune de Graveson, qui en est distante de 4.380 mètres, le fond du canal ne serait encore qu'à la cote 18.50, tandis que celles des terres voisines varient de 19 à 20.

Nous observons en outre que la Durance, très large vers l'épi de Bessière, n'est contenue sur l'une ou l'autre rive par aucune montagne ou accident naturel qui offre sur ce point quelque garantie contre la variation de son cours.

Ces raisons, entre autres, nous ont paru bien suffisantes pour nous ranger à l'avis exprimé par MM. les ingénieurs dans l'instruction préalable relative à notre demande en concession, et nous déterminer à faire choix pour la nouvelle prise d'un autre emplacement.

Quant au projet d'après lequel la Compagnie emprunterait la prise du canal de Châteaurenard, nous l'eussions adopté volontiers : nous avions même engagé dans ce but des négociations avec le syndicat qui administre ce canal; mais, sans rien préjuger sur l'issue qu'auraient pu avoir ces négociations après la présentation de nos projets et leur approbation, persuadés même que tôt ou tard cette issue eût été conforme aux vues de l'administration et de la Compagnie, nous n'avons pu nous défendre de la sérieuse appréhension que les rapports ultérieurs entre la Compagnie et les intéressés de ce canal ne devinssent pour nous une source de difficultés, de complications et de lenteurs, que nous avons jugé plus sage d'éviter, même au prix de lourds sacrifices, sans rien abandonner toutefois de l'intérêt immense qui s'attache à faire le meilleur choix possible pour l'emplacement de la prise.

Sous cette impression, pour ménager aux deux canaux une position indépendante, nous avons préféré nous porter à 130 mètres en aval de la prise de Châteaurenard, point qui nous paraît plus susceptible encore que celui-ci d'offrir un courant d'eau invariable, par suite de la direction supérieure des eaux, entre les rochers et les digues du pont de Bonpas.

Aucune objection, du reste, contre notre projet de prise spéciale, ne pourrait être tirée de cette considération, qu'en général le service est mieux assuré lorsque deux intérêts réunis y concourent que lorsque les intérêts sont séparés.

En effet, nous remarquons que, si nous devions prendre nos eaux à la prise de Châteaurenard en commun avec les arrosants de cette commune, nous serions toujours obligés, bien que ce canal paraisse avoir existé jusqu'à ce jour sans aucun titre de concession régulière, de leur assurer un privilége pour la jouissance du volume d'eau qu'ils possèdent aujourd'hui, et dès lors, en nous établissant en aval de leur prise, nous ne nous plaçons pas sous ce rapport dans une pire condition. Nous remarquons en outre que tous les travaux que pourraient exécuter les arrosants de Châteaurenard pour amener les eaux dans la direction de leur prise ne pourraient manquer d'avoir pour effet d'alimenter la nôtre ; de même que nos propres efforts auraient le même effet relativement à la leur : d'où cette conséquence que notre projet laisse subsister l'avantage du concours de deux intérêts, sans en offrir les inconvénients.

Quant aux ouvrages mêmes de la prise, ils ont été disposés comme suit :

La prise est composée de six ouvertures de 1 mètre chacune de largeur et de $1^m.20$ de hauteur sous clef au-dessus du seuil, qui est lui-même placé à $0^m.50$ en contre-bas de l'étiage de la Durance.

Nous n'avons adopté cette limite d'abaissement du seuil à 0.50 seulement en contre-bas de l'étiage que pour ne rien changer aux termes de l'art. 6 du décret du 31 juillet 1851, applicables à la prise projetée à Rognonas. Toutefois, comme, dans la juste appréciation des droits des tiers, rien ne nous paraissait motiver une prise si peu profonde, nous avons cru pouvoir, dans les calculs qui suivent, pour la fixation du niveau de l'étiage, tenir compte de la disposition des lieux, des pentes et des courants, eu égard surtout à cette observation générale, que, sur une rivière aussi inconstante que la Durance, il n'est pas rare de voir, d'une année à l'autre, le niveau normal varier d'une manière considérable sur un point donné, et que, parmi les nouvelles prises ouvertes sur la Durance, nous n'en connaissons aucune qui ne prenne les eaux à $1^m.00$ au moins en contre-bas de l'étiage.

La prise est accolée à un pont destiné au passage public. Ce pont, de deux arches en plein cintre de $4^m.60$ de diamètre, a entre les garde-corps une largeur de $5^m.50$; son radier fait suite à celui de la prise, et a comme lui une pente de 0.002 par mètre.

Dans ces conditions de pente, les six ouvertures de la prise sont susceptibles d'un débit minimum de cinq mètres cubes d'eau par seconde.

L'étiage de la Durance a été déterminé sur ce point de la manière suivante :

Un sondage fait le 26 mai 1855 aux prises du canal de Châteaurenard et du canal Crillon a démontré que les eaux étaient ce jour-là aux hauteurs suivantes :

Au canal de Châteaurenard, 2^m.12 au dessus du seuil ;

Et au canal Crillon, 2^m.15 id.

Les études faites par les ingénieurs de Vaucluse ont fait admettre généralement qu'à l'étiage d'été l'eau descend au canal Crillon à 0.80 au dessus du seuil. Il faut supposer le même abaissement à la prise du canal de Châteaurenard, où l'on aurait alors à l'étiage une hauteur d'eau de 0.77.

La pente des eaux de la Durance est, d'après le nivellement fait le même jour, de 0^m.32 entre la prise du canal de Châteaurenard et le point où nous projetons l'établissement de notre nouvelle prise; de plus, il existe à environ 200 mètres en aval de ce dernier point un atterrissement de gravier qui, en retenant les eaux, forme présentement un relèvement de 0.50 environ de hauteur. Nous avons dû tenir compte, dans la fixation de l'étiage normal, de ce surhaussement accidentel que les eaux tendent incessamment à faire disparaître, et c'est ce qui nous a amenés à fixer le seuil du canal projeté à 0.67 en contre-bas de celui du canal de Châteaurenard, c'est-à-dire que nous avons évalué, quant à présent, à 0.35 seulement l'abaissement qui pourrait résulter, devant la nouvelle prise, de la disparition ultérieure et probable de cet atterrissement.

Toutefois, dans l'impossibilité de déterminer avec exactitude, quant à présent, quel pourrait être l'effet non seulement de la disparition de ces graviers, mais encore de toute autre cause de variation notable dans le niveau des eaux, nous avons cru prudent de placer le radier du pont faisant suite à la prise à 0.30 en contre-bas du seuil, près des vannes, afin de pouvoir au besoin abaisser celui-ci de cette même quantité, dans le cas où l'abaissement du niveau des eaux serait, dans un avenir plus ou moins éloigné, plus considérable que nous ne le présumons aujourd'hui. La Compagnie ne devra, dans toute hypothèse, avoir recours à cet abaissement du seuil qu'en cas de nécessité absolue, régulièrement constatée, et sur l'autorisation spéciale de l'administration.

II. BRANCHE-MÈRE DE ROGNONAS.

Avant d'entrer dans des détails sur l'exécution de cette branche, nous pensons qu'il convient de placer ici nos observations sur la construction des chaussées insubmersibles, projetées, comme nous l'avons déjà dit, pour protéger le territoire de Châteaurenard, de Rognonas et des communes inférieures, contre les crues de la Durance.

D'après ce projet, dès long-temps approuvé, la tête de ces chaussées viendrait se souder à la limite orientale de la commune de Châteaurenard, au coteau qui longe le canal du Réal, laissant ainsi en dehors de la zone protégée toute la commune de Noves et les *Iscles* de Châteaurenard.

La Compagnie a déjà fait connaître à l'administration par divers documents, et notamment par une lettre à M. le préfet des Bouches-du-Rhône du 15 mars dernier, qu'adoptant avec empressement les idées qui lui avaient été suggérées avant la date même du dernier décret de concession, elle avait l'intention de combiner son nouveau projet de prise d'eau avec la construction de ces chaussées.

Si, en effet, elle trouvait dans cette disposition l'avantage incontestable, soit pour elle-même, soit pour les populations, de faire arriver les eaux en contre-haut du sol dans les communes de Rognonas et de Graveson, elle devait aussi naturellement tenir en très sérieuse considération l'économie probable que devait lui présenter la construction simultanée du canal et des chaussées dans toutes les parties où ces ouvrages pouvaient être accolés, ce qui déjà l'avait déterminée à se rendre adjudicataire des chaussées de Barbentane.

Si, contrairement à son attente et contrairement à ce qu'avaient admis, avant elle, les anciens ingénieurs du canal, l'administration ne considérait point aujourd'hui l'exécution des chaussées de Châteaurenard comme nécessairement liée à celle du canal sur ce point, et ne pouvait par suite allouer à la Compagnie les sommes qui déjà avaient été réalisées en prévision de la construction de ces travaux de défense, nous nous verrions dans l'impérieuse nécessité de changer le tracé que nous proposons, tracé qui, outre l'inconvénient d'être beaucoup plus coûteux, aurait encore celui de laisser, en l'absence de ces travaux protecteurs, la branche-mère exposée sur tout son parcours aux débordements de la Durance.

Nous avouons, du reste, que nous n'avons pas cru devoir nous arrêter à cette crainte. Déjà, il y a quelques années, l'administration a montré l'intérêt qu'elle attachait à la prompte exécution de son projet d'endiguement, en mettant en adjudication cette même entreprise avant que les contributions auxquelles avaient été imposées toutes les parties intéressées eussent été intégralement réalisées. Forcée par le manque de fonds des syndicats à résilier cette adjudication, pourquoi refuserait-elle aujourd'hui d'y donner suite, surtout en présence des propositions qui, sans exiger une allocation plus considérable, ont pour but d'augmenter d'une manière très importante la surface des terrains protégés?

Du reste, sauf cette différence, tout à l'avantage des tiers, dans le tracé, nous avons maintenu l'exécution des travaux exactement dans les conditions du premier projet. C'est ainsi que la Compagnie prendrait l'obligation, entre autres, d'établir le couronnement des remblais, d'une largeur de 2 mètres, constamment à 1 mètre au dessus des eaux du 2 novembre 1843; c'est ainsi encore qu'elle s'engagerait à faire des travaux d'art, pour le passage des eaux de la plaine sous le remblai, dans les dimensions indiquées au devis approuvé.

En résumé, à cet égard, nous croyons pouvoir formuler les propositions suivantes :

1° La Compagnie, déjà chargée d'exécuter les chaussées de Barbentane aux conditions de l'adjudication passée avec publicité et concurrence en sa faveur le 12 juillet 1854, se chargera de l'entreprise des chaussées de Châteaurenard aux mêmes conditions de rabais, sur le prix de 100,000 fr., montant du projet de l'administration, quelque notoirement insuffisant que soit le prix porté dans son estimation pour les terrains à exproprier.

2° Sur les 99,000 fr. formant ainsi le montant de son forfait, la Compagnie fera l'avance du sixième à la charge des syndicats de Châteaurenard et de Rognonas, moyennant remboursement par ces syndicats du montant de ce sixième par annuités accrues des intérêts, dans les termes déjà votés le 21 décembre 1854 par le syndicat de Châteaurenard.

Dans de telles conditions, les garanties les plus complètes sont offertes à tous les intérêts, et l'administration doit remarquer que, dès l'instant qu'une adjudication a déjà fourni la base d'un contrat parfaitement régulier, il ne peut y avoir qu'un surcroît d'avantage et de célérité dans l'adoption d'un nouveau contrat qui confie, aux mêmes conditions, le reste de l'entreprise à la Compagnie elle-même, qui est non seulement intéressée à ce que le travail soit bien exécuté pour la protection de ses propres ouvrages, mais disposée en outre à faire dans ce but les avances utiles.

Ce préliminaire indispensable étant ainsi bien établi, nous arrivons à l'exposé des détails concernant l'exécution de la branche de Rognonas.

Immédiatement après la prise que nous avons décrite au paragraphe précédent se trouve le bief régulateur du débit des eaux. Sa longueur est de 40 mètres. A droite et à gauche sont établies, à 1^m.70 au dessus du plafond, des banquettes destinées à faciliter le service dans cette partie importante du canal. La pente est de 0.001 par mètre sur toute la longueur du bief, qui, pour pouvoir résister à la vitesse qui en résulte, aura toutes ses faces perreyées jusqu'à 0^m.50 au dessus des banquettes. Nous donnons ci-joint, sous le n° 1 de nos types de section, le profil en travers pris au piquet 1 qui se trouve dans cette partie du canal.

A la suite du bief régulateur, le canal prend jusqu'au bassin de partage un régime régulier. Sa pente est uniformément de 0^m.0005 par mètre. L'abaissement normal qui en est la conséquence a dû, pour faire face à la grande déclivité du sol, qui suit naturellement la pente de la Durance, être augmenté par l'établissement de six chutes placées à des distances inégales, ainsi que l'indiquent le profil en long et le tableau n° 13 qui s'y rapporte. La différence totale qui en est résultée entre la prise à la Durance et le bassin de partage, c'est-à-dire sur un développement de 6625 mètres, est de 10^m.987.

Dans tout ce parcours, le canal suit le tracé indiqué sur le plan général, et se trouve ainsi situé presque constamment dans les terrains de peu de valeur qui forment les communaux de

Châteaurenard. Ainsi que nous l'avons dit plus haut, il est constamment accolé aux digues à élever. Dans les parties en déblai il en est séparé par sa banquette, qui, dans les remblais, se trouve formée par le couronnement lui-même des chaussées. (Voir les nᵒˢ 2 et 3 des types.)

Autant que possible, le projet a maintenu son lit toujours au dessous du niveau du sol, les déblais étant nécessaires pour la construction des chaussées, et aucune parcelle de terre ne devant être arrosée dans la commune de Châteaurenard, qui obtient aujourd'hui de son canal des arrosages à un prix dix fois moindre que celui auquel la Compagnie pourrait les lui donner.

D'après les dimensions données à cette branche, tant dans les parties en déblai que dans celles en remblai et sous les ponts (voir les types nᵒˢ 2, 3 et 4), son débit pour une tranche d'eau de 1ᵐ.20 de hauteur est de 5 mètres cubes par seconde ; il pourrait, en affleurant les banquettes, soit sur une hauteur d'eau de 1ᵐ.70, aller jusqu'à 9ᵐ.60. Deux moyens de fuite sont ménagés, du reste, entre la prise et le bassin de partage : l'un par un déversoir sur le pont qui franchira l'Anguillon, l'autre par un canal spécial qui, établi à 50 mètres en aval du bassin de partage, viendra aboutir à la Durance vers l'épi de Bessière.

Plusieurs ouvrages d'art importants devront être établis sur cette branche, et notamment pour la traversée par dessus l'Anguillon et celle en syphon du canal de Châteaurenard ; mais l'administration comprendra que, subordonnés que sont tous ces travaux à l'approbation du tracé proposé, nous avons cru devoir nous abstenir d'en rédiger et présenter les projets définitifs jusqu'à ce que cette importante question ait pu être au préalable résolue.

Telles sont les conditions générales selon lesquelles la branche-mère de la deuxième partie du canal viendra aboutir en face de l'épi de Bessière. En ce point deux partiteurs sont établis pour, d'une part, déverser 2 mètres cubes dans l'embranchement de Barbentane, et, d'autre part, donner passage aux 3 mètres qui doivent alimenter la branche de Tarascon.

III. EMBRANCHEMENT DE BARBENTANE.

L'embranchement de Barbentane est, au début de son parcours, adossé, comme la branche-mère, au versant sud des chaussées de Châteaurenard, qu'il accompagne jusqu'à leur jonction avec le chemin de fer.

Arrivé à ce point, il les traverse à angle droit dans un déversoir à clapets, à la suite duquel, encaissé dans une rigole maçonnée, il suit le pied du talus amont du chemin de fer, contourne la culée du viaduc, en passant, avec un déblai moyen de $2^m.12$, sous la voûte du halage, et, rétournant brusquement le long du talus aval du chemin de fer, traverse, par un second déversoir à clapets, les nouvelles chaussées de Barbentane, pour rester accolé à leur versant opposé, jusqu'à leur extrémité à la lone du Rhône, dans laquelle il vient se déverser.

Son développement total dans son parcours est de 7,085 mètres, mesurés entre la martellière du bassin de partage et celle de fuite au Rhône; sa pente est uniformément de $0^m.0005$, à l'exception d'une longueur de 180 mètres qui sépare les deux déversoirs à clapets pratiqués dans les chaussées, et dont nous venons de parler. Entre ces deux ouvrages, la pente a été portée à $0^m.001$, afin de diminuer la section de la cuvette maçonnée dans laquelle il passe sous le chemin de fer.

Les types n°s 8, 9 et 10, donnent les dimensions de l'embranchement, suivant qu'il se trouve en déblai, ou en remblai, ou encore qu'il passe sous un pont.

Dans ces conditions, son débit normal, pour une tranche d'eau de 1 mètre, est de 2 mètres par seconde. Il pourrait s'élever jusqu'à $6^m.25$ avant de déverser par dessus les banquettes. Du reste, toujours pour parer à un accident fortuit, un déversoir de surface a été projeté au passage sur la roubine de Rognonas au piquet $40'''$.

Trois chutes ont été établies sur cette ligne, en y comprenant celle qui se trouve placée à son origine au bassin de partage. Ces chutes, cumulées avec la pente longitudinale du canal, produisent un abaissement total de $7^m.234$, dont le détail est indiqué au tableau général des pentes et chutes. La cote du seuil du déversoir d'origine étant de 23 mètres, la cote à la martellière de fuite est ainsi de $14^m.766$. Abstraction faite de la troisième chute, qui n'est éloignée que de 468 mètres, et qui peut être facilement supprimée, le plafond serait au besoin relevé à la cote $15^m.60$.

Ce point de hauteur à l'extrémité des chaussées ne permet point, quant à présent, le prolongement de cette dérivation sur Boulbon, car, aussi long-temps que la chaussée qui va protéger Barbentane contre les eaux de la Durance ne sera point prolongée le long du Rhône, le canal continué sur ce point serait exposé à être comblé ou emporté par le Rhône, dont les eaux se sont, dans cette partie de la commune de Barbentane, élevées en 1840 à la cote $17^m.87$.

Cependant la cote $15^m.60$, exprimant la hauteur que nous pouvons donner au plafond du canal à l'extrémité aval de la chaussée, est supérieure au niveau général des terrains des communes de Boulbon et de Mézoargues. Elle permettra de porter ultérieurement les eaux dans ces communes, et c'est dans cette prévision qu'un débit de 2 mètres cubes a été adopté pour l'embranchement de Barbentane.

Nous nous empressons du reste d'apporter à l'appui de cette résolution d'ajournement les considérations suivantes :

1° Dans les idées antérieurement émises relativement au projet de prolongment de la branche de Barbentane sur Boulbon, on n'avait nullement invoqué le résultat d'études faites d'une manière complète.

L'irrigation éventuelle que la Compagnie générale de desséchement avait en vue pour cette dernière commune devait être dirigée au moyen d'une rigole dérivée de la branche de Rognonas aux fours à chaux de Tarascon, et contournant la Montagnette au sud. Ce projet tendait à conduire les eaux du revers oriental de la Montagnette vers le Rhône. Outre les difficultés de son exécution, il présentait cet inconvénient que, pour le service des arrosages dans cette direction, il aurait fallu que l'eau fût généralement conduite dans un sens contraire à la déclivité naturelle du sol.

La Compagnie anglaise avait projeté d'amener les eaux du nord au sud par le prolongement que nous adoptons en principe de la branche de Barbentane.

Mais aucun engagement à cet égard n'avait été pris ni par l'une ni par l'autre Compagnie.

2° Plus encore, de toutes les dispositions des actes de concession, il n'en est aucune qui implique la charge de conduire les eaux sur le territoire de Boulbon.

Nous n'hésitons pas néanmoins à déclarer que ce projet entre essentiellement dans les vues comme dans les intérêts de la Compagnie, et que nous y pourvoirons tôt ou tard, soit à la suite des travaux de défense qui pourront être exécutés sur ce point par les soins de l'administration, soit que nous-mêmes nous en prenions la charge; mais en l'état, n'y étant point tenus, nous croyons agir sagement en ajournant l'exécution de ce travail jusqu'à ce que nous ayons d'abord rempli avec succès les conditions fondamentales de notre cahier de charges, tout en disposant dès à présent le déversoir qui, provisoirement, écoulera les eaux dans le Rhône, de manière à permettre aisément le prolongement de cette dérivation à travers la Roque-d'Acier et les communes inférieures.

IV. — BRANCHE DE TARASCON ET CANAL DE FUITE AU RHONE.

Prenant les eaux au bassin de partage de Rognonas, la branche de Tarascon suit la partie la plus haute et la plus centrale de la zone irrigable, de manière à permettre l'ouverture de martellières d'arrosage sur l'une et sur l'autre rive.

Si, au lieu de suivre cette ligne, qui, du quartier de Bessière, se dirige sur Cadillan, à travers les territoires de Rognonas et de Graveson, et dans les meilleures conditions pour arroser Maillanne, nous eussions adopté l'ancien projet, beaucoup moins dispendieux, consistant à faire passer nos eaux par les caisses d'emprunt du chemin de fer (sans en élever le niveau au dessus du maximum de retenue que comportent sur ce point les convenances du chemin de fer, la perméabilité du sol et les chances trop redoutables d'infiltrations et de dommages), nous eussions certainement rempli d'une manière bien moins satisfaisante les conditions premières d'un bon canal d'irrigation.

En effet, et en premier lieu, placé dans une position moins centrale relativement à l'immense plaine qu'il s'agit d'arroser, le canal n'aurait point assez favorisé les populations qui y sont le plus intéressées, et qui, malgré leur désir d'en tirer le plus de profit possible, se montrent généralement peu empressées à s'imposer des charges pour la distribution des eaux.

Ensuite il importe au plus haut degré d'observer que la pente naturelle du sol court du nord au sud, et plus généralement de l'est à l'ouest, c'est-à-dire que les caisses d'emprunt du chemin de fer, loin de dominer la plaine, occupent dans la commune de Rognonas le point le plus bas du périmètre irrigable, de manière à servir aujourd'hui d'exutoire à ses eaux. Il suit évidemment de ces dispositions que le bienfait que nous avons essentiellement en vue, celui d'arroser avec facilité les communes mentionnées ci-dessus, aurait été sinon perdu, du moins rendu plus incertain, plus difficile à obtenir, plus onéreux pour elles.

Les terrains que, dans notre projet, la branche de Tarascon va parcourir dans la commune de Rognonas, se présentent sur un plan à peu près uniforme, mais constituant en général le point culminant de la plaine, entre la cote 22^m.50 et la cote 20 mètres, tandis que, dans les mêmes limites, le sol, aux abords du chemin de fer, varie de la cote 18^m.50 à la cote 17^m.50.

Disons enfin que, quelque direction que nous adoptions pour notre ligne principale, nous nous réservons dans tous les cas de faire usage des eaux de la branche de Barbentane pour les opérations de colmatage que réclame le régime actuel des chambres d'emprunt du chemin de fer.

Après avoir parcouru ce faîte, qui la conduit au centre des communes de Rognonas et de Graveson, la ligne vient côtoyer pendant 1 kilomètre la route départementale n° 15 près de la station de Cadillan, s'en éloignant bientôt, pour s'en rapprocher de nouveau après avoir franchi les limites de la commune de Graveson; elle la suit d'abord à droite en se tenant en remblai dans la plaine, puis à gauche en longeant le chemin de fer jusqu'aux fours à chaux de la Montagnette, où, la traversant une seconde fois, elle vient par une seule ligne droite de 3 kilomètres de longuèur, toute en remblai et de 0ᵐ.0003 de pente, gagner à la cote de 7ᵐ.51, aux abords de la ville de Tarascon, l'extrémité des anciennes chaussées du Rhône.

A partir de ce point le canal reste constamment adossé au versant occidental de ces chaussées jusqu'à 150 mètres au delà du Mas-de-Parade, dans la commune d'Arles, c'est-à-dire sur 8.500 mètres de longueur. Sa pente n'est que de 0,0002 sur tout ce parcours, à l'extrémité duquel la cote du plafond se trouve ainsi de 5ᵐ.81.

Ce point de Parade nous a paru très favorablement choisi pour y déverser par un canal de fuite les eaux de la branche de Tarascon, qu'il est complétement inutile de conduire plus avant jusqu'à Arles. Le triangle formé par le Trébon n'offre en aval de ce point qu'une surface irrigable de 500 hectares au plus, pour laquelle un volume d'eau maximum de 0ᵐ.50 cubes est largement suffisant, et dont l'irrigation, en conséquence, sera facilement assurée par la construction ultérieure d'une simple rigole.

La chaussée à laquelle est adossé le canal n'est sur ce point qu'à la distance de 45 mètres du chemin de fer. Arrivé en face du déversoir à deux arches qui y a été établi, le canal tourne à angle droit, et, prenant entre ses deux rives toute la largeur de ce déversoir, y écoule ses eaux, qui trouvent à la suite, pour les conduire jusqu'au Rhône, une roubine déjà pratiquée dans la plaine, et dont la pente seule reste à régulariser conformément au profil en long ci-annexé.

Si, dans ce canal de fuite on eût suivi, pour la hauteur des berges, le profil adopté pour le surplus de la branche de Tarascon, la banquette, toujours élevée de 1ᵐ.50 au dessus du plafond, n'eût été, même à son extrémité supérieure, qu'à la cote 7ᵐ.31. Toute crue du Rhône dépassant ce niveau eût donc, en rendant l'écoulement du canal impossible, exposé la plaine à être submergée, si, par suite d'une négligence toujours possible, l'avis n'eût pu être transmis au gardien de la prise de fermer à temps les martellières.

Préoccupés de la pensée d'assurer l'écoulement normal de nos eaux, même dans la prévision d'une inondation aussi extraordinaire que celle de 1840, où le Rhône a atteint dans cette localité la cote de 8ᵐ.49, nous nous sommes décidés non seulement à surhausser nos berges jusqu'à la cote maxima de 8ᵐ.50 dans la partie qui s'étend entre la chaussée et le chemin de fer, mais encore à les établir en amont sur ce même niveau jusqu'au piquet 198, point où, la cote du plafond étant à 7 mètres, la banquette se trouve disposée pour arriver naturellement à cette hauteur.

Le canal ne pouvant prendre exclusivement, pour l'écoulement seul de ses eaux, le déversoir construit par le chemin de fer pour l'écoulement de celles de la plaine, une martellière à clapets destinée à le suppléer sera établie dans la berge amont du canal de fuite. La tranche d'eau normale dans ce canal étant toujours de 1 mètre, et le radier du déversoir du chemin de fer, aujourd'hui à 4ᵐ.72, devant être par nous abaissé à 4ᵐ.10, la cote de surface de nos eaux sera à 5ᵐ.10. Il suffira donc, pour assurer les écoulements de la plaine, de placer à 5 mètres le radier de la martellière latérale, par laquelle ces écoulements s'effectueront au dessus des eaux du canal.

Ces dispositions diverses étant expliquées, on comprend que, dans la supposition où les ségonnaux seraient inondés par une crue semblable à celle de 1840, la martellière de la berge étant alors dans tous les cas tenue fermée, le déversoir du chemin de fer agira comme un syphon, et que l'eau du canal, ne pouvant arriver à dépasser le niveau du Rhône, avec lequel il est en communication, continuera toujours à s'écouler sans dépasser la hauteur de ses banquettes.

Ainsi que nous l'avons exposé ci-dessus, la branche de Tarascon a des pentes variables sur tout son parcours. Ces pentes sont de 0^m.0002 à 0^m.0005 dans toutes les parties en remblai ou en déblai dans la terre, s'élevant jusqu'à 0.001 dans les rochers de la Montagnette. Les n° 11, 12, 13, 14, 15, 16, 17, 18 et 19 de nos types, indiquent les profils que ces pentes variées ont déterminés pour le canal, dont la section, pour une tranche d'eau de 1 mètre, a toujours été calculée en prévision d'un débit minimum de 3 mètres cubes.

RÉSUMÉ DE LA DEUXIÈME PARTIE.

En résumé, si l'administration veut bien rapprocher l'ensemble des dispositions de notre projet de celles qui avaient été indiquées, soit dans le décret du 31 juillet 1851, soit dans l'instruction administrative qui a précédé le décret du 14 juin 1854, nous espérons qu'elle reconnaîtra que nous satisfaisons d'une manière plus complète à toutes les conditions que peut réclamer l'intérêt général.

Par la construction d'une prise nouvelle qui prend les eaux au point le plus élevé de la zone irrigable, nous nous imposons une charge qui n'avait point été comptée antérieurement parmi les éventualités de l'entreprise, et nous répandons l'arrosage sur une immense surface qui en aurait été privée.

Par l'adoption du tracé de notre ligne principale à travers la partie la plus centrale et la plus haute des communes de Rognonas et de Graveson, nous donnons également à l'intérêt général, au prix d'un nouveau sacrifice, une plus ample satisfaction que par l'adoption du projet consistant à faire passer les eaux du canal par les caisses d'emprunt du chemin de fer.

Enfin, par la hauteur exceptionnelle que nous donnons aux berges de la partie inférieure de la branche de Tarascon pour la fuite des eaux au Rhône, nous surmontons encore une des plus graves difficultés, celle du remous, susceptible de faire déborder le canal par suite des hautes crues du fleuve ; et, en nous assurant ainsi un moyen continu d'écoulement, combiné avec l'entière séparation des deux grandes branches ou des deux canaux proprement dits de Mallemort et de Rognonas, nous portons jusqu'à Arles, non pas le prolongement d'un *canal de fuite*, comme il est dit à l'art. 11 du décret de 1851, mais le bienfait de nos irrigations, sans rejeter sur ce pays la charge de nos eaux.

Présenté par les concessionnaires soussignés,

V. COURTET et

5506 — Paris, imprimerie Guiraudet et Jouaust, 338, rue Saint-Honoré.